Ralph Kaste

Jeder kann was werden

Berufsorientierung für Clevere

Kaste & Sohn Verlag

Kaste & Sohn Verlag

Verlagslabel: Verlag Kaste & Sohn
ISBN Hardcover: 978-3-9821632-2-2

Druck und Distribution im Auftrag des Verlags:
Verlag Kaste & Sohn oHG, Palisadenstraße 35d, 10243 Berlin

Hinweis:

Aus Gründen der besseren Lesbarkeit wird weitestgehend auf die gleichzeitige Verwendung der Sprachformen männlich, weiblich und divers (m/w/d) verzichtet.
Sämtliche Personenbezeichnungen gelten gleichermaßen für alle Geschlechter.

Inhalt

Vorwort

Steter Wandel ist ein untrüglicher Garant für Entwicklung. Eine solche braucht es in allen Bereichen des Lebens, ob wir das wollen oder nicht. Das Verharren beim Gewohnten ist verlockend, weil oftmals bequem, es wird aber früher oder später zum Hemmnis. Das ist dann die Quelle von Unzufriedenheit, überholte Strukturen fallen immer deutlicher auf, der Veränderungswille wird stärker als die Anpassungsbereitschaft, Alternativen entwickeln sich und finden immer mehr Befürworter. Damit steigt der Druck, dem sich auf Dauer eine Gesellschaft nicht entziehen kann. Nun kommt es darauf an, den Wandel zu gestalten und damit eine (Weiter-)Entwicklung zu ermöglichen. Dabei werden schlechte, überholte oder veraltete Strukturen sukzessive dem veränderten Anspruchsverlangen angepasst, also verbessert, bewährte Strukturen hingegen werden immer weiter optimiert. Soweit diese Optimierung an Grenzen stößt, sind wiederum Veränderungen notwendig.

Dieser Ablauf kommt ins Stocken, wenn er bewusst ausgebremst und damit aufgehalten wird. Natürlich kann das nie ewig geschehen, dafür ist der Drang zur Entwicklung zu groß. Dennoch verursacht jede Unterbrechung, sei es durch bürokratische Verschleppung oder aber durch bewusste Ignoranz, einen erheblichen Verlust, gesamtgesellschaftlich und auch für jeden Einzelnen.

Derlei Tendenzen lassen sich am Ausbildungsmarkt beobachten. Das duale System in Deutschland galt über viele Jahre als das Maß aller Dinge in Sachen qualitativ hochwertiger Nachwuchsgewinnung. Inzwischen muss an der Einzigartigkeit als zukunftsfähiges Modell gezweifelt werden. Immerhin steigen die Zahlen derer, die nach Abschluss der

Schule eben nicht den Weg in eine Ausbildung finden. Der BIBB-Datenreport weist seit Jahren in der Altersgruppe der 20- bis 34-Jährigen ein stetes Anwachsen der Zahl Jugendlicher ohne anerkannte Berufsausbildung jenseits der Zwei-Millionen-Stufe aus (*Quelle: Bundesinstitut für Berufsbildung (Hrsg.): Datenreport zum Berufsbildungsbericht 2023. Informationen und Analysen zur Entwicklung der beruflichen Bildung. Bonn 2023*).

Die Gründe hierfür werden unterschiedlich interpretiert, seit Jahren schon, auch deshalb dauern Veränderungen an. Doch es geht um Grundsätzliches. Sind wir mit dem dualen Ausbildungssystem auf der Höhe der Zeit oder braucht es hier tiefgreifende Veränderungen? Wie gelingt die Einbeziehung der momentan nicht am Ausbildungssystem interessierten Jugendlichen mit Blick auf den Mangel an Fachkräften? Was gibt es hier bereits für Möglichkeiten, die aber deutlich mehr Beachtung verdienen?

Mit der parallelen Ausbildung in Betrieb und Berufsschule war man lange Zeit gut gerüstet, um hiernach beruflich in der Arbeitswelt zu bestehen. Allerdings war und ist die fachliche Spezialisierung im dualen System so kleinteilig und starr, dass auf grundlegende Veränderungen am Markt nicht adäquat reagiert werden kann. So passiert es im Zuge des steten Wandels immer häufiger, dass ausgebildete Kompetenzen einfach nicht mehr oder deutlich weniger gefragt sind. Damit gerät das gesamte System der dualen Ausbildung ins Wanken.

Da Zukunftsprognosen über viele Jahre im Voraus oft von Unsicherheit getragen werden, ist ein weiteres Festhalten an dem hohen Spezialisierungsgrad der Ausbildungsberufe fatal. Damit fällt es zunehmend schwerer, zukünftig in andere Branchen, Berufsfelder und Berufsbilder zu wechseln. Die Lösung könnte darin zu suchen sein, dass der allgemeinbildende, fachübergreifende Anteil in der Ausbildung deutlich erhöht wird und die berufsspezifische Ausbildung erst im letzten Drittel der Ausbildung erfolgt. Beispiele dafür gibt es international, aber auch hierzulande wurde in einigen wenigen Berufsfeldern der Versuch hierzu unternommen. So startet die Ausbildung in den industriellen Metallberufen im ersten Jahr mit gleichen Ausbildungsinhalten, im zweiten Jahr erfolgt die erste Aufsplittung in einzelne Fachrichtungen und nach zwei Jahren die eigentliche Spezialisierung für das Berufsbild. Ähnliches ist für Berufe der Fahrzeugtechnik und auch bei Bauberufen möglich.

Diese Tendenzen wirken insgesamt noch sehr vorsichtig und im Hinblick auf die rasante Entwicklungsgeschwindigkeit am Markt viel zu langsam. Den Azubis sollten Kompetenzen vermittelt werden, die über enge Berufsbilder hinausgehen, lebenslanges Lernen erleichtern und ihnen auch später noch nützen, wenn sich die Anforderungen am Markt verändert haben. Moderne Unternehmen würden ihren Fachkräftenachwuchs gern auch heute schon sehr breit gefächert aufstellen, um für die Wandlungen gewappnet zu sein. Die Möglichkeiten, berufliche Profession zu erlangen, brauchen mehr Offenheit und eine Kultur der Anerkennung. Es gilt zukünftig noch viel stärker auch all diejenigen zu fördern und zu unterstützen, die nach der Schule direkt in der Praxis lernen wollen.

Das sogenannte Learning by Doing ist seit langem ein anerkanntes pädagogisches Konzept. Auch das Erfordernis des lebenslangen Lernens basiert auf dieser Variante des

Wissenserwerbs. Doch leider findet Learning by Doing immer noch nicht überall in der Arbeitswelt ausreichend Anerkennung. Dabei ist es ein profunder Weg, junge Menschen zu begleiten, die gerade nicht den Weg in einen klassischen Ausbildungsberuf suchen. Dafür braucht es Mut und Weitsicht, denn das Lernen durch Ausprobieren impliziert immer auch das Scheitern als Teil des Konzepts. Damit Learning by Doing sich als gewinnbringende Möglichkeit durchsetzen kann, muss sich also das Verhältnis zum Scheitern wandeln. Breitgefächerte Erfahrung und ein hohes Maß an Flexibilität des beruflichen Nachwuchses können hiernach der innovative Gewinn sein.

Mit all diesen Möglichkeiten der Berufsorientierung beschäftigt sich dieses Buch!

Die Veranschaulichung erfolgt in zwei Teilen, die auch unabhängig voneinander gelesen werden können. Während sich Teil I in erster Linie auf die allgemeine Darstellung von Bewerbung, Ausbildung, Umschulung und Weiterbildung konzentriert, werden in Teil II alle Möglichkeiten beruflicher Entwicklungswege beleuchtet. Dort gibt es auch zusätzlich Hinweise auf weiterführende Informationsquellen, vor allem zu den Rechtsgrundlagen.

Ralph Kaste

Teil I

Grundsätzliches zu Ausbildung, Qualifizierung und Bewerbung

1. Berufswahl

Kreativität – Baustein beruflicher Orientierung

Wir leben in einer komplex vernetzten Welt.
Der Zugang zu Informationen aller Art war noch nie so leicht wie heute. Da muss es schon verblüffen, dass die Berufswahl für Schulabgänger ein stetig wachsendes Problemfeld darstellt. Mehr als 25 Prozent der Jugendlichen haben beim Verlassen der Schule keinen Plan für die Zukunft. Aus reinem Aktionismus werden dann Berufsausbildungen begonnen, die weder persönlichen Neigungen entsprechen noch sonderliches Interesse auslösen. Die Abbruchraten wachsen seit Jahren. Ähnlich katastrophal sieht es bei denjenigen aus, die mangels Plan ein Studium beginnen. Dabei kann man derlei Orientierungslosigkeit positiv beeinflussen - durch frühzeitige Förderung von Kreativität.

Die überwiegende Mehrzahl aller Kinder wird als Genie geboren, das ist inzwischen unter Experten unstreitig. Kinder kommen auf die Welt und wissen nicht, wie diese beschaffen ist. Das müssen sie erst erforschen, die lauernden Gefahren erkennen und auch Grenzen des Handelns ausloten. Dadurch reifen Kinder und sie lernen, sich in einer komplizierten Welt zurechtzufinden. Hilfreich dabei sind das unbekümmerte Spiel und der natürliche Bewegungsdrang. Denn dies alles dient eben keinem Selbstzweck. Es fördert Lösungsansätze und Entscheidungen - Kreativität also.
Kreatives Handeln wird so für Kinder entwicklungsdominierend und sie lernen dabei so schnell und soviel wie in keiner herkömmlichen Schule. Später dann scheint es, als wäre der geniale Funke, den man bei Kindern noch beob-

achten kann, bei den meisten Erwachsenen verschwunden. Dabei bilden sich in der Kindheit die Grundlagen späteren Handelns und auch die der besonderen Interessen. Oft spielt das direkte körperliche Erleben dabei eine Schlüsselrolle. Das alles ist für Eltern nicht immer leicht zu ertragen, vieles wirkt gefährlich, manches ist es auch. Doch die Vielfalt des Erlebten bietet später auch ein Höchstmaß an Potenzial, auf das man zurückgreifen kann.

Um den Drang der Neugier und damit letztlich die Kreativität zu fördern, braucht es für jedes Kind einen Rahmen zur Entfaltung. Oberste Regel dabei muss sein, dass jeder Eingriff den kreativen Prozess in seiner Ausprägung beeinflusst. Eltern, Lehrer und Erzieher sollten die Kinder deshalb in ihren Schaffensphasen nicht übermäßig stören und schon gar nicht erwarten, dass am Ende des Tuns immer auch ein Ergebnis steht. Manchmal ist einfach der Weg das Ziel.
Natürlich haben viele Erwachsene den Blick für viele Lösungen, doch diese helfen dem Nachwuchs nicht in der Ausprägung eigener Ideen. Kreativität kann man nur fördern, indem Neugierde ermutigt wird, jedes Ergebnis eine Beachtung und auch entsprechende Würdigung erfährt. Vor allem Schulen stehen seit langem in der Kritik, gerade das Gegenteil zu betreiben: Zensuren sind dort bis heute das Maß aller Dinge. Kreativität des Einzelnen passt nur selten in deren Bewertungsrahmen.
Doch unsachliche Kritik, haarspalterische Bewertungen oder gar Abwertungen waren schon immer kontraproduktiv. Sie ersticken die Lust auf Neues, auf das simple Ausprobieren.

Längst sind die Probleme erkannt. Neurobiologen, Psychologen und auch Pädagogen warnen seit langem davor, die

Kreativität des Nachwuchses bewusst zu unterdrücken. Zeigen doch aktuelle Entwicklungen in der Arbeits- und Berufswelt schon die Ergebnisse des Irrweges. Das Interesse an technischen Ausbildungsrichtungen schwindet dramatisch, MINT-Studienfächer sind vielfach unterbelegt. Selbst der pädagogische Nachwuchs auf diesen Gebieten ist zur Mangelware geworden. Es ist also höchste Zeit, wissenschaftlichen Erkenntnissen zum Durchbruch zu verhelfen, indem man die Forschungsergebnisse schnellstmöglich in die Praxis umsetzt. Auf diesen Gebieten braucht die Schule endlich Nachhilfe, damit die natürliche Kreativität des Einzelnen sich durch intensive Förderung entfalten kann.

Orientierung für die Berufsausbildung

Alle Jahre wieder, sobald die Bewerbungsfristen für die Berufsausbildung beginnen, wird die inzwischen damit verbundene Misere auch schon voraussehbar: Viele junge Menschen finden keinen Ausbildungsplatz und auf der anderen Seite bleiben diverse Ausbildungsmöglichkeiten unbesetzt. Diese Diskrepanz hat sich in den letzten Jahren manifestiert, alle bisherigen Lösungsansätze haben mehr oder weniger versagt. Dabei steht ein sehr gut entwickeltes Ausbildungssystem zur Verfügung. Seine Möglichkeiten werden leider oft nur unzureichend genutzt. Es fehlt vielfach die Orientierung.

Wir wollen hier kurz aufzeigen, welche Möglichkeiten der Berufsausbildung es gibt und welche Vor-und Nachteile damit verbunden sind.

Die duale Ausbildung ist das klassische System der Berufsausbildung in Deutschland. Hier werden die Azubis in einem Betrieb für die berufliche Praxis unterwiesen und daneben in einer Berufsfachschule mit den theoretischen Grundlagen ihres Ausbildungsberufs vertraut gemacht.
Der Schwerpunkt der dualen Ausbildung liegt traditionell bei den gewerblich-technischen Berufen. In diesem Ausbildungsgang ist oft kein bestimmter Schulabschluss erforderlich. In erster Linie sollten persönliche Neigungen, Interessen und Ziele entscheidend sein.
Dabei ist allerdings nicht ausgeschlossen, dass der Ausbildungsbetrieb Wert auf ansprechende Zensuren legt. So bevorzugen viele Betriebe generell Abiturienten, was für rein praktisch veranlagte Jugendliche durchaus problematisch sein kann.

Der hohe Praxisbezug der Ausbildung bietet Abwechslung und die Chance, sich durch gute Leistungen bereits einen zukünftigen Arbeitsplatz zu sichern. Bewerben muss man sich in diesem Ausbildungsgang direkt im Wunschbetrieb. Dabei sollte man sich frühzeitig orientieren und gern auch mal vorab ein Praktikum absolvieren. Der Ausbildungsbeginn ist hier meist am 1. September, allerdings werden die Ausbildungsplätze oft schon ein Jahr im Voraus vergeben. Ein großer Vorteil der dualen Ausbildung ist natürlich die Vergütung. Diese ist inzwischen auch verbindlich mit Mindestentgelten festgeschrieben.

Die duale Ausbildung ist bundeseinheitlich geregelt, im BBiG und in der Handwerksordnung. Die erfolgreiche Berufsausbildung endet mit einer Abschlussprüfung in einem anerkannten Ausbildungsberuf. Im Handwerk ist dies die Gesellenprüfung.

Die schulische Berufsausbildung eröffnet dagegen den Weg zu Berufen der sach- und personenbezogenen Dienstleistungen
Vor allem die sozialen und pflegerischen Berufe, aber auch viele neue Berufe in der Medienbranche, setzen eine schulische Ausbildung voraus. Da die schulische Berufsausbildung den landesgesetzlichen Regelungen unterliegt, gibt es Berufe, die man nur in einigen Bundesländern erlernen kann. Die schulische Ausbildung findet ausschließlich an Berufsfachschulen statt, berufspraktische Einblicke werden im Rahmen von Praktika gewährt. Bewerben muss man sich bei den Berufsfachschulen direkt, hier gibt es Bewerbungsfristen. Berufsfachschulen verlangen bei der Aufnahme von ihren Azubis überwiegend einen mittleren Schulabschluss. Eine Ausbildungsvergütung gibt es hier oft nicht. Das änderte bisher überwiegend auch nicht die hochgelobte Mindest-Ausbildungsvergütung seit dem Jahr 2020. Diese schreibt lediglich die Mindeststandards der Vergütung in der dualen Ausbildung fest.
Ein erheblicher Teil des Systems der Berufsausbildung, vor allem im sozialen und im pflegerischen Bereich, unterliegt also auch in Zukunft keiner gesetzlichen Regelung zur Vergütung, geschweige denn der verbindlichen Anwendung eines Azubi-Mindestlohnes.
Allerdings besteht in der schulischen Berufsausbildung die Möglichkeit, die Fachhochschulreife gleichzeitig zu erwerben und sich somit den Zugang zu einem Studium an einer Fachhochschule zu eröffnen.

Es gibt bei der Entscheidung über den Weg der Berufsausbildung kein Patentrezept.
Jeder junge Mensch sollte frühzeitig Orientierungshilfen nutzen. Dazu sind die jährlich stattfindenden Girls'- und Boys'-Days gut geeignet. Daneben gibt es Bildungspartner-

schaften zwischen Schulen und Betrieben, die es zu nutzen gilt. Durch frühzeitige Erfahrungen mittels Schülerpraktika bekommt man persönlich ein untrügliches Gefühl dafür, wo die eigene berufliche Zukunft liegen könnte. Wer berufliche Ziele verfolgt, die etwas abseits der gängigen Angebote liegen, der muss selbst frühzeitig aktiv werden. Ziele muss man bekanntlich anstreben, von allein geschieht nicht wirklich viel.

Berufskunde ist auch für Lehrer sinnvoll

Nicht erst der Social Media Post einer Schülerin machte das Problem bekannt: Diese hatte vor einigen Jahren öffentlichkeitswirksam gepostet, dass sie zu wenig Lebenspraktisches in der Schule gelernt habe. Dafür könne sie aber eine Gedichtanalyse in vier Sprachen aufbieten. Soll heißen: Praktisches Wissen für das weitere Leben wird bisher nur sehr rudimentär und auch äußerst oberflächlich vermittelt. Dazu zählen auch umfassend inhaltliche Kenntnisse über Berufe - die Berufskunde. Doch das deutsche Bildungssystem scheint inzwischen so träge geworden zu sein, dass man der gesellschaftlichen Entwicklung und den sich daraus bildenden Erfordernissen weit hinterherhinkt.

Die Wirtschaft beklagt seit langem eine sinkende Bildungsqualität bei vielen Schulabgängern. Während Industriebetriebe dazu übergehen, notwendige Kompetenzen bei den Azubis nachträglich und aufwendig zu schulen, verweigern auch viele kleinere Betriebe inzwischen die Aufnahme offensichtlich ungeeigneter Bewerber allein schon aus Kostengründen. Das Ergebnis der Entwicklung ist fatal: Jährlich gibt es eine enorme Anzahl unversorgter Bewerber. Kleinere Betriebe ziehen sich vorerst komplett aus dem Lehrstellenmarkt zurück. Doch dabei ist noch nicht einmal berücksichtigt, dass rund 25 Prozent der Jugendlichen, die einen Ausbildungsplatz ergattert haben, diesen entweder wechseln oder die Lehre ganz abbrechen.

Gründe für die Passungs-Probleme gibt es sicher reichlich. Einen wichtigen Grund haben Experten nicht zuletzt darin ausgemacht, dass vielen Schulabgängern das Wissen um die Möglichkeiten am Ausbildungsmarkt fehlt. Kaum einem Schüler ist bekannt, dass es mehr als 300 Ausbildungsberufe in 16 Berufsfeldern gibt. Geschweige denn sind inhaltliche Anforderungen auch nur annähernd bekannt. Eine fundierte Berufskunde, die Inhalte, Anforderungen und Perspektiven vermittelt, würde so manchem Schulabgänger den teuren Fehlgriff ersparen. Der Wirtschaft gingen dann weniger Millionen verloren, die in abbrechende Azubis investiert worden sind.

Da die jungen Menschen den überwiegenden Teil ihrer Zeit in der Schule verbringen, sollte auch hier der Grundstein beruflicher Orientierung gelegt werden. Schule soll auf das Leben vorbereiten und zur Aufnahme einer Berufsausbildung befähigen. So steht es in allen Schulgesetzen der Bundesländer geschrieben. Demnach ist es ein unbedingtes Erfordernis, den Schülern qualifizierte Einblicke in den Ausbildungsmarkt zu geben. Auch müssen sie dabei Bewerbungsabläufe und deren Formalien trainieren.

Doch das führt nicht zu sinnvollen Zielen, wenn den Pädagogen selbst das Wissen zur Berufskunde fehlt. Zuerst müssen also diese umfänglich mit dem Thema vertraut gemacht werden. In wenigen Bundesländern geht man diesen Weg schon seit einiger Zeit. Die Erfolge sind mit Blick auf die dortigen Ausbildungsmärkte auch deutlich sichtbar.

Was vor Jahren noch flächendeckend als Arbeitskunde in ganz Deutschland verpflichtender Lerninhalt war, ist als Unterrichtsfach nur noch rudimentäres Anhängsel in Haupt- und Gesamtschulen. In allen anderen Schulformen scheint die wichtige Thematik komplett in Vergessenheit geraten zu sein. Aus der Not heraus wird aber nun wieder mal versucht, mit großem finanziellen Aufwand Lehrer und Schule an ihre ureigenen gesetzlichen Pflichten heranzuführen. Berufskunde auch für Lehrer steht hier auf der Agenda.

Da in vielen Bundesländern inzwischen auch Quer- und Seiteneinsteiger aus der Wirtschaft in den Schulbetrieb Einlass finden, könnte man diese besonders praxiserfahrene Klientel auch vordergründig für die Berufsorientierung der Schüler begeistern. Aufwand und Nutzen stünden hier mal wieder in einem gesunden Verhältnis.

Krise am Ausbildungsmarkt und Fachkräftemangel

Der Ausbildungsmarkt in Deutschland ist zu einem echten Problem geworden. Seit Jahren entwickeln sich die Zahlen negativ. In offiziellen Statistiken werden ständig neue „Bereinigungen" vorgenommen, um das Problem klein zu reden. Doch damit ist natürlich niemandem geholfen, schon gar nicht dem Fachkräftemangel.

Das einst so stolz gepriesene System steckt in einer echten Krise. Lippenbekenntnisse politisch Verantwortlicher haben in den letzten Jahren nicht wirklich auf Veränderung abgezielt. Dazu hätte ein vertiefender Einstieg in die Problematik gehört. Dem aber verschloss man sich vehement. Viel zu anstrengend ist die grundlegende Überarbeitung einer solchen Thematik, die auch erst Jahre später Früchte tragen könnte. Politik agiert heute vor allem mit Blick auf die nächste Wahl.

Dann gesellte sich zur ohnehin miesen Entwicklung am Ausbildungsmarkt auch noch ein viel größeres Problem hinzu: die Corona-Pandemie. Sie hat nicht nur bei vielen Menschen mit schweren Grunderkrankungen die gesundheitlichen Probleme verstärkt, die Pandemie machte auch latente Probleme in der Wirtschaft noch einmal um Stufen schlimmer. Bei vielen Betrieben standen plötzlich die Zeichen für eine auskömmliche Zukunft nicht mehr gut, andere Entwicklungen am Markt taten inzwischen ihr Übriges.

Natürlich bringt das dem Ausbildungsmarkt keine positiven Effekte. Vielerorts ist die Nachwuchssicherung jetzt schon auf Eis gelegt. Zwar wird ständig mit Vorschlägen hochgradiger Aktionismus versprüht, der bisher aber nicht wirklich geeignet ist, dem Ganzen Einhalt zu gebieten. Allein mit Symptombekämpfung kann ein seit Jahren krankendes System insgesamt nicht gerettet werden. Auch das sollte eine Lehre aus der Pandemie sein.

Die Berufsorientierung in Deutschland ist an vielen Stellen oberflächlich und damit auch wenig wirksam. Die Vielfalt der Möglichkeiten ist weitgehend unbekannt. Eine aktive Steuerung findet kaum statt. Die langfristige Fokussierung auf Interessen und Neigungen Einzelner versagt komplett. Oft wird eine Null-Bock-Mentalität der einen Seite mit einer Null-Bock-Mentalität der anderen Seite beantwortet.

Das hemmt jegliche Entwicklung. Junge Menschen folgen dann unweigerlich dem Mainstream.

Wie schon seit Jahren festgestellt wird, drängt es immer mehr Schulabgänger zum Studium. Auf der anderen Seite bringt eine dramatisch wachsende Anzahl Jugendlicher nur unzureichende Voraussetzungen für eine Berufsausbildung mit. Die Folgen werden immer gravierender. Viele Lehrstellen in Deutschland, die offiziell bei der Arbeitsagentur gemeldet werden, bleiben unbesetzt. Gleichzeitig gibt es immer mehr junge Menschen, die als unversorgte Bewerber Eingang in die Statistik finden.

Statistisch berücksichtigt sind generell immer nur die Bewerber, die sich auch beratend an die Agenturen für Arbeit gewandt haben. Die Dunkelziffer des sonstigen Verbleibs kann mit Blick auf die Zahl der Schulabsolventen nur erahnt werden. Die Disproportionen sind weiterhin gravierend. In vielen Betrieben des traditionellen Handwerks ist die Nachwuchssuche inzwischen aussichtslos. Fleischer oder Bäcker will heute kaum noch ein junger Mensch werden. Ähnlich sieht es im damit verbundenen Einzelhandel aus. Auf dem Bau und in den baunahen Berufen nimmt die Bewerberzahl dramatisch ab, auch Berufskraftfahrer haben mit erheblichen Nachwuchssorgen zu kämpfen. Kehrt sich dieser Trend nicht kurzfristig um, kommt es am Arbeitsmarkt und auch in der mittelständischen Wirtschaft zu weitreichenden und vor allem auch nachhaltigen Verwerfungen.

Welch eine Verschwendung von Potenzial. Dabei wissen wir doch schon immer, dass der Mensch mit seiner Arbeitskraft die einzig wesentliche Ressource ist, die Deutschland besitzt.

Auch der lang erhoffte Positiv-Effekt, der von jungen Flüchtlingen am Ausbildungsmarkt ausgelöst werden sollte, lässt immer noch auf sich warten. Bei realistischer Betrachtungsweise müsste man ehrlich konstatieren: Auch hier läuft gehörig viel schief. Junge Ausländer verlassen die Schulen mehr als doppelt so häufig ohne Abschluss. Von jungen Ausländern starten, im Vergleich zu jungen Deutschen, auch weniger als halb so viele eine Ausbildung.

Die Vorzüge des hiesigen Ausbildungssystems und die sich daraus ergebenden beruflichen Entwicklungsmöglichkeiten, das sind die Geschichten, die man Schülern frühzeitig vermitteln muss. Viele kennen einfach nicht die Wege, die ihnen offen stehen und wie man sie beschreitet. Schule hat an diesem Punkt bisher nur wenig beigesteuert, Bildungspolitiker aller Orten noch viel weniger. Berufsvorbereitung muss endlich wieder zum wichtigen Bestandteil schulischer Bildungswege werden. Auch hier braucht es eine konzertierte Aktion aller Beteiligten. Die Lust, sich mit der eigenen Zukunft zu beschäftigen, kann nie zu früh und nie ausgiebig genug vermittelt werden.

Qual der Wahl – Studium oder Ausbildung?

Was soll ich werden?
Diese wichtige Frage für das eigene berufliche Fortkommen wird zunehmend von einer weiteren Grundsatzentscheidung überlagert: Studium oder Ausbildung? Gute Argumente gibt es für beide Wege.

Die Zahl der neu abgeschlossenen Ausbildungsverträge ist seit einigen Jahren stark rückläufig. Das hat einerseits mit

den geburtenschwachen Jahrgängen zu tun, die die Zahl der Schulabgänger deutlich sinken lässt. Auf der anderen Seite will ein wachsender Teil der jungen Leute nach der Schule lieber studieren. Dabei beenden auch rund 25 Prozent der Studienanfänger ihr Studium ohne Abschluss, bei den Ingenieurfächern sind es sogar 50 Prozent.
Der Trend zur Akademisierung um jeden Preis ist eine fatale Fehlentwicklung, mit nachhaltigen Schäden für die deutsche Wirtschaft.

Das duale System der deutschen Berufsausbildung galt mal als weltweites Vorzeigeprojekt und war viele Jahre lang Garant dafür, dass Deutschland als geradezu mustergültiges Beispiel für erfolgreiche Zukunftswege galt. Doch das System leidet zunehmend unter mangelnder Nachfrage. In den kommenden Jahren wird sich die Zahl der Auszubildenden noch weiter drastisch reduzieren, sofern keine radikale Änderung in der Berufsorientierung junger Menschen vollzogen wird. Damit einhergehend wird sich der Fachkräftemangel in den Betrieben verstärken und immer mehr Leistungsgrenzen der Unternehmen aufzeigen. Die Gründe für diese Entwicklung sind vielschichtig: Viele Betriebe haben sich aus der Ausbildung zurückgezogen, Kosten und Niveau der Bewerber stehen dort seit langem in einem ungünstigen Verhältnis. In den Schulen gibt es nur wenig Berufsorientierung, so dass die Wahl eines den Interessen und Neigungen gerecht werdenden Berufes kaum möglich ist. Daneben hat sich im Zuge des Bologna-Prozesses die Möglichkeit für ein Studium vervielfacht. Tausende verschiedene Studienrichtungen und Kombinationsmöglichkeiten, kaum noch Zugangsbeschränkungen und eine gesellschaftlich tragende Meinung, die zum Studium drängt, lassen viele Schulabgänger recht desorientiert zurück.

Die Berufsausbildung ist trotz der relativ kurzen Bachelorstudiengänge oft der schnellere Weg in einen Job.
Nach zwei bis drei Jahren stehen Azubis im Berufsleben. Damit verdienen sie auch deutlich schneller Geld und stehen finanziell auf eigenen Beinen. Zwar gibt es keine Garantie, nach der Ausbildung übernommen zu werden, doch angesichts der Fachkräfteentwicklung am Arbeitsmarkt ist auch die Jobfindung mit abgeschlossener Ausbildung sehr einfach geworden. Der Vorteil gegenüber Studenten ist, dass man direkten Praxisbezug besitzt. Auch nach einer Lehre muss nicht Schluss mit der beruflichen Entwicklung sein. Es bieten sich zahlreiche Weiterentwicklungsmöglichkeiten sowohl im erlernten Beruf als auch auf gänzlich anderem Gebiet. Nach bestandener Prüfung in einem Ausbildungsberuf sind so auch Entwicklungswege möglich, die vorher als utopisch galten.

Bei der Entscheidung zwischen Lehre und Studium muss man sich aber nicht unter zwanghaften Druck setzen. Weder Studium noch Ausbildung sind Sackgassen. Im Zweifelsfall geht auch beides: Wer nach der Ausbildung Lust auf mehr hat, kann immer noch ein Studium beginnen. Nur weil alle anderen sofort zum Studium gehen, muss man nicht mit der Herde mitziehen. Gegen den Trend zu denken und zu handeln, das kann durchaus ein Vorteil für die persönliche Zukunft sein. Personalentscheider in vielen modernen Unternehmen lieben Lebensläufe mit Umbrüchen und praktischen Erfahrungen. Geradlinige Lebenswege, wie Schule-Studium-lebenslanger Job, sind heute kein Ideal mehr. Sie vermitteln den Eindruck einseitiger und unflexibler Grundeinstellung. Dagegen gelten Bewerber mit beruflicher Vor-Erfahrung als zielstrebiger und disziplinierter, auch während eines Studiums.

Niemand ist in der modernen Arbeitswelt vor einem Jobverlust gefeit. Diese Situation lässt sich bedeutend entspannter ertragen, wenn man auf einen klassischen Grundberuf zurückgreifen kann. Ein Plan-B für das eigene Leben sozusagen.

Ausbildungssuche als Spiegelbild der Gesellschaft

Obwohl sich das Angebot an Ausbildungsplätzen in den letzten Jahren erhöht hat, sinkt die Zahl der Ausbildungsverträge. Viele Arbeitgeber sprechen dem Gros der Bewerber inzwischen jeglichen eigenen Antrieb ab. Nach Ansicht der Betriebe fehlt es zunehmend an Motivation, nötiger Reife und altersgerecht ausreichenden Kenntnissen. Die Qualität der Bewerbungen nimmt nach ihrer Ansicht Jahr für Jahr weiter ab. Ein teuflischer Kreislauf aus hilflosen Bewerbungen und deutlichen Absagen beginnt, ohne dass er ernsthaft durchbrochen würde.
Das eigentliche Problem wird viel zu selten erkannt. Die Ausbildungssuche läuft heute in der Regel nach Aspekten des Mainstreams. Nur rund 12 Prozent aller Möglichkeiten des Ausbildungsmarktes werden durchschnittlich von den Bewerbern genutzt. Dass dabei die Zeugnisbesten zuerst Berücksichtigung finden, möglichst noch mit einem ansprechenden Abitur, das ist inzwischen die Regel. Hinzu kommen die auch jährlich auf den Ausbildungsmarkt drängenden Studienabbrecher in nicht zu unterschätzender Zahl. Da bleibt für mäßige und schlechte Abgangszeugnisse aus dem Schulbetrieb wenig an Chancen übrig.

Natürlich ist es bei Praktikern umstritten, ob spätere berufliche Leistungen tatsächlich mit den schulischen Ergebnissen vergleichbar sind. Schließlich gibt es viele junge Menschen, die sich besser praktisch als theoretisch entwickeln und ihr wirkliches Potenzial erst im fordernden beruflichen Alltag entfalten können. Auch dafür müssen Chancen geboten werden. Doch auch die gibt es und sie zu finden, das ist so schwer nicht. Allein ein Blick auf die Größenordnung beruflicher Möglichkeiten am Ausbildungsmarkt lässt die Dimension erahnen. Immerhin gibt es in Deutschland mehr als 300 staatlich anerkannte Ausbildungsberufe. Da ist für jeden etwas dabei.

Gerade die sogenannten kurzen Ausbildungsberufe, die nur bis zu einer maximalen Dauer von zwei Jahren konzipiert sind, bieten vor allem überwiegend praktisch veranlagten Bewerbern überaus große Chancen auf einen Ausbildungsplatz. Die Theorie ist in diesen Ausbildungsgängen auf ein Mindestmaß zusammenschrumpft. Auch die Anzahl der Bewerber bleibt hier deutlich übersichtlicher und die Erwartungshaltung der Ausbilder ist entsprechend angepasst.

Im Anschluss an solch kurze Ausbildung eröffnet sich für jeden Lehrling die Möglichkeit, in der gewählten Fachrichtung einen vollwertigen Ausbildungsberuf, unter Anrechnung des Erstberufes, zu erlernen. Damit wäre die ursprüngliche Benachteiligung aus dem Schulabschluss wettgemacht und das Argument fehlender Ausbildungsreife endlich auch entkräftet.

Wer sich also ernsthaft mit den Angeboten des Ausbildungsmarktes beschäftigt und seine eigenen Möglichkeiten damit realistisch abgleicht, der kann seine Ausbildungssuche durchaus optimieren und die Wahrscheinlichkeit einer erfolgreichen Bewerbung erheblich steigern.

Die Berufswahl ist immer eine Herausforderung

Flexibilität spielt in der Arbeitswelt eine immer größere Rolle. Die Zeiten, in denen der sich ständig wiederholende 8-Stunden Arbeitstag dominiert, gehören schon heute der Vergangenheit an. Diverse Modelle werden immer mal wieder als das Maß aller Dinge gepriesen. Doch ein solches wird es wohl auch so schnell nicht wieder geben. Individualität spielt eine große Rolle bei der Gestaltung der Arbeitszeit. Soweit persönliche Prioritäten mit denen des Arbeitgebers konform gehen, sind viele Varianten möglich. Dazu gehört mit Sicherheit auch die Arbeit im Homeoffice. Dadurch verbringen Familien aber auch wieder deutlich mehr Zeit als bisher miteinander. Gar nicht so schlecht, könnte man meinen. Doch an manchen Tagen fehlt einfach der Input für etwas Neues. Beste Gelegenheit, auch mal über die Zukunft des Nachwuchses zu sinnieren. Denn die Berufswahl ist schon immer ein schwieriges Feld. So einfach im Vorbeigehen lässt sich das Thema nur selten lösen. Viele Schulabgänger sind sich immer noch nicht im Klaren darüber, was sie einmal werden wollen.

Das hat Ursachen, die bis heute nur ansatzweise aufgearbeitet worden sind. Angebote und Beratung zur Berufswahl lassen oft zu wünschen übrig. Viele fühlen sich jährlich vergessen und retten sich erst weit nach Toresschluss in letztlich für sie völlig unpassende Angebote. Das Ergebnis dessen ist dann nicht selten verheerend: Die Zahl der abgebrochenen Berufsausbildungen findet sich seit Jahren auf extrem hohem Niveau. Fast ein Viertel aller beruflichen Ausbildungsverträge wird jedes Jahr vorzeitig gelöst. Ein stetig wachsendes Heer junger Menschen bleibt über Jahre ohne Ausbildung. So mancher Unentschlossene bleibt es gar für immer. Auch in diesen Versäumnissen liegt wohl einer der Gründe für den Fachkräftemangel in einigen Berufen.

Dabei sind die Rahmenbedingungen und Möglichkeiten der Berufswahl gigantisch. Wann gab es schon jemals solche Auswahl an Ausbildungsberufen. Doch an der passgenauen Zusammenführung scheitert es oft. Die Suchenden irren mehr umher als sie gezielt ihre Zukunft gestalten. Die Schulen bieten im Vorfeld nicht ausreichend Orientierung, um Wünsche, Fähigkeiten und Interessen in einen vernünftigen Einklang zu bringen. Berufsorientierung und gezielte Berufsberatung sind noch nicht überall Stärken schulischer Aktivität. Dabei gibt es durchaus interessante Ansätze, um mit Hilfe von Betriebsbesichtigungen, Betriebserkundungen und Betriebspraktika schon in der Schulzeit die Weichen für das spätere Berufsleben zu stellen.

Vielen ist schon im Kindesalter die Frage wichtig, was sie später beruflich einmal werden könnten. Natürlich herrscht dabei noch viel Wunschdenken vor, doch hat dies in der Regel den positiven Aspekt des Selbstantriebs. Mit weiteren Fragen zur Berufswelt werden dann in erster Linie die Eltern traktiert. Sie sind, statistisch betrachtet, die am meisten befragten Berufsberater. Dies ist ein ganz natürlicher Vertrauensbeweis. Eltern kennen ihr Kind am besten, sie kennen seine Persönlichkeit, die Talente, Neigungen und auch die Hemmnisse aus dem Effeff. Doch genau da liegt oft das Problem: Eltern haben viel zu oft auch ganz eigene Vorstellungen davon, was ihre Kinder einmal werden sollen. Also lassen sie sich leicht zu Bewertungen und manchmal auch zu Abwertungen hinreißen. Traumziele werden so meist schon im Keim erstickt.

Doch der Rückhalt der Eltern ist in jeder Phase unverzichtbar. Stehen sie nicht zur Verfügung oder delegieren sie das Ganze allein an Schule und Berufsberatung, beginnt in der Regel schon das Dilemma und der Frust steigt. Das Vertrauen, sich mit seinen Idealwünschen zu öffnen und diese auch an der Machbarkeit auszuloten, schwindet immer mehr. Der Drang, sich dem Mainstream zu beugen, ist dann schon fast unumgänglich. Doch wer entgegen eigener Wünsche zu einer Berufsausbildung gedrängt oder auch nur überredet wird, wer sich nur aus Anpassung zu einer Ausbildung entschließt, dem wird der geringste missliebige Anlass dann später Grund genug zur Aufgabe sein. Bereits im Vorfeld der Berufsausbildung wird bereits vielfach ein Teufelskreis aufgebaut, der einen erfolgreichen Ausbildungsabschluss erschwert und den Abbruch der Ausbildung geradezu provoziert. Intensive Selbstanalyse und die Nutzung betrieblicher Praktika bringen einem dagegen selbst schnell Klarheit über die eigenen Möglichkeiten.

Es bedarf hiernach nur noch der beruflichen Einordnung des Wollens. Klar, auch das fällt nicht unbedingt leicht. Diverse Berufsbezeichnungen tragen heute sehr hölzern anmutende Namen, nicht jedem erschließt sich sofort der Inhalt. Eine erste Hilfestellung zur Orientierung bietet der zweite Teil dieses Buches.

Berufe mit kurzer Ausbildungsdauer als Chance

Träume sind wichtig, gerade wenn man jung ist. Doch entgegen vieler Prophezeiungen, von allein erfüllen sie sich meist nicht. Man muss also etwas tun für sein Glück. Das sagt sich manchmal so leicht, denn nicht jede Anstrengung führt auch zum Erfolg. Das merken beispielsweise viele Schulabgänger, wenn sie die Bewerbungen für ihre Traumberufe versenden. Diverse Absagen bringen auch das letzte Quäntchen Hoffnung schnell zum Versiegen. Doch auch dann muss man nicht den Kopf in den Sand stecken und schon alle Träume gleich begraben. Es gibt eine mögliche Rettung in der Not: Berufe mit kurzer Ausbildungsdauer.

In der Regel ist die Ausbildungsdauer im Rahmen der dualen Berufsausbildung recht lang. Sie dauert drei oder sogar dreieinhalb Jahre und gliedert sich in Theorie und Praxis. Dabei ist der theoretische Anteil relativ umfangreich, was bei vielen Jugendlichen nicht gerade Euphorie auslöst. Einige haben noch ihre Schwierigkeiten während der Schullaufbahn vor Augen und sehen die theoretische Berufsausbildung mit eher gemischten Gefühlen. Das Versagen im Theorieteil ist deshalb auch der klar überwiegende Grund für die große Zahl der Ausbildungsabbrüche. Für viele Ausbildungsbetriebe steht schon bei der Auswahl ihrer zukünftigen Lehrlinge auch oft das theoretische Leistungsvermögen über allem, so dass Schulabgänger mit schlechteren Abschlüssen eher schlechte Karten haben.

Dabei gibt es im System der dualen Berufsausbildung auch viele verschiedene Möglichkeiten, Berufe mit stark verringertem Theorieteil zu erlernen. Der durchaus positive Nebeneffekt ist dabei, dass die Ausbildungsdauer sich insgesamt verkürzt. So lassen sich anerkannte Berufsabschlüsse in 2 Jahren komplett absolvieren, teilweise sogar in 18 Monaten. Dabei sind dies keinesfalls minderwertige Berufe oder gar nur Ausbildungen, die zu Hilfsjobs gereichen. Alle Berufe mit kurzer Ausbildungsdauer haben ihre Notwendigkeit und ihre Existenzberechtigung im Bedarf der Wirtschaft. Von den Kritikern dieser Ausbildungsmöglichkeiten will wohl niemand ernsthaft behaupten, Berufe in der Pflege, Industrieelektriker, Verkäuferinnen, Tiefbaufacharbeiter oder weitere Berufsbilder hätten in der Wirtschaft keine Perspektiven. Die Ausbildungen sind durchaus anspruchsvoll und bedürfen vollen Einsatz, wobei aber das Erlernen in der Praxis deutlich überwiegt.

Das steigert nicht nur die Motivation der Lehrlinge dieser Ausbildungsberufe, es ermöglicht ihnen vielfach auch erst den Weg, überhaupt einen Ausbildungsplatz zu bekommen.
Die Erfolgserlebnisse, die vor allem praktisch orientierte Jugendliche in dieser Ausbildungsform erfahren, vermitteln Selbstvertrauen in das eigene Können. Viele erfahren erst hier die Anerkennung, die ihnen im Schulalltag viel zu oft versagt blieb. Daraus lässt sich auch der weitere berufliche Weg planen. Wer die Berufsausbildung in einem theorieverkürzten Ausbildungsgang erfolgreich absolviert hat, kann in vielen Fällen eine weitere Ausbildung anhängen. Diese führt zu einem weiteren anerkannten Berufsabschluss innerhalb der Branche, wobei die erste Ausbildung zeitlich komplett berücksichtigt wird.
So lassen sich Berufsziele erreichen, die nach Abschluss der Schule schier unerreichbar waren.

Diese zweite Ausbildung kann unter bestimmten Voraussetzungen auch ohne entsprechenden Ausbildungsbetrieb und Ausbildungsvertrag erfolgen. Zuständig sind die jeweiligen Prüfungsausschüsse der IHK bzw. der Handwerkskammer. Es ist auch nicht zwingend erforderlich, den zweiten Ausbildungswunsch gleich im Anschluss zu absolvieren. Wer erst ein paar Jahre Praxiserfahrung in dem Erstberuf sammeln will, kann dies ohne Nachteile tun.

Dabei können Entwicklungswege hiernach sehr vielfältig verlaufen, was in **Teil II** verdeutlicht wird.

Der Vollständigkeit halber muss darauf hingewiesen werden, dass es auch noch Ausbildungsabschlüsse gibt, die bereits nach einem Jahr beendet sind. Allerdings umfassen diese vornehmlich Berufe im sozial-pflegerischen Bereich und sie finden ausschließlich als schulische Ausbildung statt. Für alle diejenigen, die erst einmal genug von Schule haben, nicht wirklich eine Alternative.

Auch das Handwerk bietet Zukunftschancen

Lehre oder Studium, diese Entscheidung treibt zwangsläufig immer wieder viele junge Menschen um. Immer mehr von ihnen nehmen ein Studium auf, eine Entwicklung, die durch falsch propagierte Zukunftschancen zunehmend genährt wird. Für viele Eltern ist das ohnehin alternativlos, Abitur und Studium sind bereits vor Besuch der Kita ausgemachte Sache. Die extrem ansteigenden Abbruchraten in den ersten Semestern sprechen allerdings eine eigene Sprache. Nichtsdestotrotz gilt vielen das Studium als der Königsweg in ein erfülltes Berufsleben. Als Folge stiefmütterlicher Beachtung hat das gesellschaftliche Ansehen von praktischen Berufen, vor allem im klassischen Handwerk, abgenommen.

Immerhin rund 160 Lehrberufe bietet das Handwerk. Aber die meisten der attraktiven Berufsbilder geraten gar nicht in den Fokus der Schulabgänger. Der Informationsstand dieser Generation ist auf diesem Gebiet wenig ausgeprägt. Viele Jugendliche haben keine Vorstellung, welche Berufe und Aufgabenfelder es überhaupt alles gibt. Die Bandbreite der Möglichkeiten wird nicht einmal ansatzweise in Erwägung gezogen. Über die Gründe gehen die Meinungen mal wieder weit auseinander. Fakt ist, dass der Akademisierungswahn nach wie vor anhält: Studium um jeden Preis. Daneben bleibt überwiegend nur Raum für Berufsbilder, die das Klischee des "typisch weiblichen" und "typisch männlichen" Berufes eher unterstreichen als es aufzuheben. Bloß keine Abkehr vom Mainstream, wohl auch in naher Zukunft nicht.

Doch die Motive der Berufswahlentscheidung sind vielfältig und zunehmend auch von gesellschaftlichen Entwicklungen beeinflusst. So spielen heute vor allem die Arbeitszeit und der sichere Arbeitsplatz eine wichtige Rolle. Getragen wird eine solche Entscheidung aber schon immer von dem Wollen, die eigenen Interessen bestmöglich im zukünftigen Beruf verwirklichen zu können. Das wiederum erfordert es im Grunde, sich mit der ganzen Bandbreite möglicher Berufsbilder zu beschäftigen. Doch dieser informelle Zugang wird noch immer nicht voll ausgeschöpft. Es fehlt vielfach an einer umfassenden Berufsorientierung, die diesen Namen auch verdient.

Dass dabei Berufe des Handwerks nicht gerade an erster Stelle stehen, lässt sich wohl in erster Linie mit zunehmend schwindender Präsenz in der öffentlichen Wahrnehmung erklären. Das Handwerk in all seiner Vielfalt ist vielen Menschen heute bereits völlig unbekannt. Trotzdem werden wertende Aussagen über die beruflichen Möglichkeiten im Handwerk gemacht. Das Hörensagen fördert dann Aversionen, die nur selten begründet sind. Ohnehin sind pauschale Aussagen bei der Berufswahl eher kontraproduktiv. Letzten Endes bleiben so jährlich diverse Ausbildungsplätze unbesetzt. Die 20 meist gewählten Ausbildungsberufe werden immerhin von der Hälfte aller zukünftig Auszubildenden bevorzugt. Diese Entwicklung ist für viele Berufe im Handwerk fatal.

Dabei waren und sind gute Handwerker zu allen Zeiten begehrte Fachleute gewesen. Ihre Dienstleistungen und Produkte sind weder der Industrialisierung zum Opfer gefallen, noch werden sie durch Automatisierungsprozesse überflüssig. Natürlich haben auch im Handwerk moderne Technologien Einzug gehalten. Nur, sie ergänzen das Können und die Abläufe und ersetzen es nicht. Deutschlands wirtschaftlicher Antrieb kommt schon seit Wirtschafswunder-Zeiten aus dem Mittelstand. Dort sitzt die treibende Kraft unseres Wohlstandes, die sogar Sicherheit in Krisenzeiten bietet. Das hat die Entwicklung des Landes, allen Unkenrufen zum Trotz, in den letzten Jahrzehnten bewiesen. Der anhaltende Akademisierungswahn aber gefährdet dieses Fundament ernstlich.

Das Handwerk ist und bleibt solide Handarbeit
Doch Handarbeit hat ihren Preis. Wer das akzeptiert, erhält Qualität und vor allem keine austauschbare Massenware. Der sprichwörtliche goldene Boden ist dem Handwerk also auch heute immer noch sicher. Zunehmend wird wieder Wert auf Qualität und persönlich abgestimmte Leistungserbringung gelegt.

Daneben gibt es gerade im Handwerk oft die Entscheidung, sich selbständig zu machen oder einen Handwerksbetrieb vom Vorgänger zu übernehmen. Die Chancen dafür sind heute besser denn je. Viele Handwerksbetriebe suchen händeringend Nachfolger. Um sich hier eine gute Ausgangsbasis zu verschaffen, sollte man aber vorher eine

Ausbildung im Handwerk absolviert haben. Doch dazu muss man sich auch mal umfänglich informieren. Der **Teil II** des Buches bietet auch dafür ausreichend Material.

Mehr Mut: Seltene Berufe im Handwerk als Chance

Sich von der Masse abzuheben, das Besondere wagen, das wird vor allem gern mit der Jugend in Verbindung gebracht. Der Mut zum allgemeinen Risiko gehört schließlich zum Reifungsprozess dazu. Insofern sind Überraschungen und Spontanität durchaus Begleiter der Heranwachsenden. Das hat nicht selten lästige Auswirkungen auf das unmittelbare Umfeld. Doch bei gelebter Toleranz und in geordnete Bahnen gelenkt, kann diese Risikofreude auch förderlich sein. Das gilt umso mehr, wenn die Berufswahl ansteht. Warum nicht eine mutige Entscheidung für seltene Berufe treffen?

Doch ein Blick in die Statistiken zur Berufswahl verrät, von Risikobereitschaft der Jugend ist auf diesem Gebiet bisher nicht viel zu erwarten.
Die Vielfalt im Auswahlverhalten hinsichtlich möglicher Ausbildungsberufe gestaltet sich weitgehend eintönig und einfallslos. Lediglich aus knapp 20 Ausbildungsberufen wird, statistisch betrachtet, eine Entscheidung für die eigene berufliche Zukunft getroffen. Dabei gibt es immer noch deutlich mehr Möglichkeiten am Ausbildungsmarkt. Auch die Geschlechtertrennung setzt sich erstaunlicherweise bei der Wahl des Ausbildungsberufes seit Jahrzehnten fort. Immer noch gibt es typische Frauenberufe und typische Männerberufe. Daran haben auch diverse Kampagnen bis heute nicht viel geändert. Hier mangelt es nicht nur an der

Bereitschaft, den Mainstream zu verlassen und auch mal ein Wagnis einzugehen, es fehlt offenkundig auch an Kreativität. Eine bewusste Entscheidung für das Handwerk und auch für seltene Berufe kommt vielen Jugendlichen gar nicht in den Sinn.

Gerade im Handwerk eröffnen seltene Berufe völlig neue Perspektiven der eigenen Entwicklung. Viele dieser einst etablierten Professionen sind heute weithin unbekannt. Dabei ist ihre fortdauernde Existenzberechtigung am Markt weiterhin unbestritten. Die Einzigartigkeit der handwerklich erbrachten Dienstleistung oder Fertigung macht das Besondere. Darauf legen wieder deutlich mehr Menschen Wert. Die Geiz-ist-geil-Mentalität hat sich inzwischen überlebt.
Das eröffnet für jene Fachleute fast konkurrenzlose Marktchancen, die das entsprechende Handwerk beherrschen. Doch wer soll diese Vielfalt am Markt mit Konstanz bieten, wenn es am Nachwuchs mangelt. Dann setzen auch bald die Mechanismen der Wirtschaft ein: Nicht ausreichend nachgefragte Berufe verschwinden vom Markt oder werden zusammengefasst. So sind in den vergangenen Jahren mehr als 500 Ausbildungsberufe gestrichen worden. Damit schwindet aber auch die Vielfalt beruflichen Könnens und die breite Palette der Auswahl am Markt der Möglichkeiten.

Mit einem selten ausgebildeten Berufsabschluss lassen sich zwangsläufig vielfältige Erfahrungen in verschiedenen Regionen oder gar in verschiedenen Ländern sammeln. Denn das Wandern gehört auch traditionell zum Handwerk dazu. So vervollständigt man das Können, sammelt unschätzbar wertvolle Erfahrungen und verschafft sich beste Ausgangspositionen für einen Meisterbrief und den Weg in die Selbständigkeit. Ein Irrweg ist die Entscheidung für das Handwerk nie, auch nicht in seltenen Berufen. Manchmal braucht es etwas mehr Mut zur Entscheidung, vor allem aber Risikobereitschaft zur Abkehr von bequemen Massenwegen.

Zuerst braucht es aber vor allem die Kenntnis darüber, welche anerkannten Professionen es abseits vom Herkömmlichen gibt. Ein Blick in **Teil II** dieses Buches eröffnet den Markt der Möglichkeiten. Auch seltene Berufe finden sich hier. Kennenlernen erwünscht!

Dilemma: Lehrstellensuche und Angebotsqualität

Die Problemlage wiederholt sich seit Jahren, Abhilfe ist leider nicht in Sicht: Eine erfolgreiche Lehrstellensuche gelingt immer weniger. Die Zahl unbesetzter Ausbildungsplätze hat sich schon seit Jahren in einer extrem hohen Dimension verstetigt, was nicht zuletzt auch vom Rückzug vieler Unternehmen aus dem System der Ausbildung beeinflusst wird. Auf der anderen Seite wächst das Heer unversorgter Bewerber rasant an. Die Säge klemmt also gewaltig, vor allem in Mittelstand und Handwerk. Dabei ist die Thematik des Fachkräftemangels akuter denn je.

Doch trotz großspuriger Versprechen der Politik und trotz Schaffung ständig neuer Bündnisse, die Situation am Ausbildungsmarkt ist keinen Deut besser geworden. Die Ausbildungssuche und die Rekrutierung des dringend benötigten Nachwuchses scheinen komplett verschiedene Wege zu gehen. Bei der Lehrstellensuche läuft also einiges gehörig schief, immer noch.

Das sich immer dramatischer auswirkende Problem im Bereich der Fachkräfte müsste eigentlich einen Sinneswandel dahingehend auslösen, dass die Lehrstellensuche inzwischen wie selbstverständlich weniger zu einer Suche und immer öfter zu einer Umwerbung durch Arbeitgeber wird. Doch weit gefehlt. Eher das Gegenteil ist der Fall.
Die beiderseits Suchenden finden sich leider immer seltener. Die Schuld daran trägt, natürlich, immer der andere Teil. Gemeint sind Arbeitgeber und Bewerber. Viele Arbeitgeber sprechen inzwischen von einem drastisch sinkenden Niveau und von fehlender Motivation bei vielen Bewerbungen. Fest gemacht wird dies in erster Linie an der Qualität eingehender Unterlagen.

Das Dilemma beginnt drastisch und nachhaltig bei der Lehrstellensuche, wo Schulabgänger immer häufiger direkt an der ersten Hürde scheitern. Das Schreiben einer vernünftigen und fehlerfreien Bewerbung für den ersehnten Ausbildungsplatz, das ist für viele Jugendliche geradezu ein Kraftakt. Oft genug geht das gründlich schief. Denn immer konsequenter weigern sich Betriebe, das Gestammel als Werbung für eine zukünftig fruchtbringende Zusammenarbeit zu verstehen. Die Spirale aus ständig neuen Bewerbungen und Absagen wird schier unendlich.

Dabei kann sich eine vernünftige Präsentation bei der Lehrstellensuche durchaus als profunder Türöffner für viele Bereiche und Möglichkeiten erweisen. Deshalb sind Scheu und übertriebener Eigensinn hier völlig fehl am Platz. Notfalls kann man sich auch für das Gestalten und Formulieren einer Bewerbung Unterstützung suchen. Betriebe bedienen sich schließlich auch der Hilfe von Marketingagenturen, die ihnen die Werbung für Produkte und Dienstleistungen abnehmen. Man muss also nicht immer alles können, aber seine Stärken sollte man schon bestmöglich anpreisen (lassen).

Doch derlei Kritik müssen sich leider auch viele Unternehmen selbst gefallen lassen.
In vielen Branchen präsentiert man sich selbst sehr nachlässig auf den Stellen- und Ausbildungsmärkten. Dass die Suche nach passendem Personal qualitativ ansprechend und natürlich werbend sein muss, scheint noch längst nicht in den Köpfen aller Arbeitgeber angekommen zu sein. Viele Formulierungen, soweit man die oft nur bruchstückhaft aneinander gereihten Schlagworte überhaupt so bezeichnen will, regen mehr zum Rätseln und Staunen an, weniger zu einer Bewerbung.

Statt mit ansprechend formulierten und inhaltlich klaren Angeboten, werden die Leser regelmäßig mit völlig verhunztem Deutsch konfrontiert. Oft ist den Formulierungen beim besten Willen nicht zu entnehmen, was der Betrieb da wirklich sucht. Diese Nachlässigkeit schreckt natürlich die meisten Suchenden ab. Wer will schon Gefahr laufen, nach getaner Arbeit ebenso nachlässig behandelt zu werden. Wer sich als Arbeitgeber hiernach noch wundert, wenn sich nicht die Besten des Marktes bewerben und wer dann auch noch über die Qualität der Bewerber höhnt, der liegt gehörig neben der Spur.

Umso qualifizierter die gesuchte Kraft sein soll, desto besser klappt das inzwischen. Das ist zumindest ein Anfang. Doch jeder Azubi und auch jede Hilfskraft haben es verdient, dass man sich ihnen vernünftig vorstellt. Genau das ist schließlich der Sinn einer Stellenanzeige. Wie es in den Wald hineinruft…

2. Bewerbung

Die Stellenanzeige braucht endlich Mut zum Inhalt

Die Stellenanzeige lebt, trotz oder gerade wegen der digitalen Möglichkeiten.
Dennoch hat sich einiges geändert. Um erfolgreich neue Mitarbeiter zu rekrutieren, rückt die überwiegende Mehrzahl der Unternehmen bei der Stellenanzeige von klassischen Kanälen wie den Printmedien oder dem Umweg über Personalberater ab. Man setzt verstärkt auf digitale Möglichkeiten. Ganz oben auf der Skala rangieren dabei die Jobportale. Bei dieser Entwicklung ist auch noch längst kein Ende abzusehen.

Doch im Ergebnis mehrerer Umfragen zu dieser Thematik zeigt sich, dass viele potenzielle Interessenten mit der Qualität der Anzeigen hadern. Das betrifft weniger die Aufmachung, vielmehr wird an den Inhalten gemäkelt. Diese sind teilweise so aussageleer, dass von vornherein auf eine Bewerbung verzichtet wird. Dabei setzt die Mehrheit aller Jobsuchenden vornehmlich auf den Inhalt. Nur wenige Suchende lassen sich durch bunte Bilder zu einer Bewerbung animieren.

Glaubwürdigkeit und detaillierte Angaben zum Gehalt sind es, die von einer Stellenanzeige in jedem Fall erwartet werden. Die Transparenz gilt heute als eine der wichtigsten Hürden im Kampf um die personellen Ressourcen der Zukunft. Dabei versagen die meisten Arbeitgeber kläglich. Eine klassische Stellenanzeige trifft bisher nur selten den Nerv der Erwartungen. Stattdessen überwiegen glanzvolle Selbstdarstellungen, die mit dem Arbeitsalltag im Unternehmen oft nichts gemein haben.

Dabei sollte sich doch nun langsam die Erkenntnis durchsetzen, dass die Stellenanzeige in erster Linie eine Bewerbung des Unternehmens beim potenziellen Interessenten sein muss. Die Schwerpunkte des Marktes haben sich längst zu Gunsten der Suchenden verschoben. Aus einem reichhaltigen Angebot an Arbeit können sie immer mehr nach den wirklichen Rosinen für sich selbst Ausschau halten. Entsprechend anspruchsvoll muss heute auch jede Stellenanzeige sein.
Wer als Arbeitgeber immer noch meint, er käme mit einer schlichten Auflistung seiner Vakanzen aus, der wird über kurz oder lang ein echtes Personalproblem bekommen.

Jede Stellenanzeige braucht ihre klar bestimmbare Zielgruppe. Die Aufgabenbereiche müssen plastisch und praxisnah auf das Wesentliche reduziert sein. Dabei ist es durchaus von Bedeutung, die möglichen Interessenten aktiv anzusprechen. Die notwendigen Anforderungen sollen auch in einem verständlichen Kontext zu den formulierten Aufgaben stehen. Selbst Widrigkeiten einzelner Aufgaben können durchaus benannt werden.

Jede noch so gut gemachte Stellenanzeige verpufft aber dann, wenn die avisierte Zielgruppe nicht erreicht wird. Deshalb ist es ein Trugschluss, generell nur auf die eigene Karriereseite zu vertrauen. Auch die bekannten Generalisten unter den Jobportalen werden nicht zwingend von allen Suchenden bevorzugt. Dröge und einfallslos ist oftmals die Darstellung der Angebote. Auch hier braucht es endlich mehr Mut! Gerade Nischenportale und Spezialanbieter sind es, die das Interesse besonders gesuchter Bewerberinnen und Bewerber wecken.

Doch es geht immer noch mehr. So gibt es vereinzelt auch Jobportale, die mit qualitativ hochwertigen Zusatzangeboten das perfekte Umfeld für die anspruchsvolle Stellenanzeige bieten. Dies sind beispielsweise Informationen zu Arbeitsmarkt, Entwicklungstrends, Brancheninformationen und vieles mehr.
Deutlich aufgewertet wird jede Stellenanzeige auch noch in einem Umfeld, das gleichzeitig Informationen zur beruflichen Orientierung und Weiterentwicklung bereithält.
Aktiv begleitendes Recruiting im Hintergrund lässt echte Besetzungserfolge erwarten und ist damit auch eine wesentliche Abkehr vom bisherigen "Post & Pray" vieler Jobportale.

Wenn dann auch noch die Anzeigen selbst einen hohen Informationsgehalt zum angebotenen Job bieten, dann werden Suchen und Finden endlich zum Erlebnis für alle Seiten.

Bewerbungsanschreiben - Pflicht und Kür zugleich

Mit dem Fortschreiten der Digitalisierung werden viele Abläufe in Beruf und Gesellschaft verändert. Daran kommen auch Bewerbungsverfahren nicht vorbei. In diesem Zusammenhang wird oft und gern das Bewerbungsanschreiben als überflüssig und veraltet erachtet. Die Argumente hierzu sind allerdings so oberflächlich, dass auch in naher Zukunft die Mehrzahl der Bewerbungsverfahren nicht ohne Bewerbungsanschreiben auskommen wird.

Es ist Einleitung und Kernstück einer jeden Bewerbung, zugleich erster Eindruck und möglicher Türöffner im ausgewählten Unternehmen. Das Bewerbungsanschreiben ist nach wie vor der wichtigste Bestandteil einer jeden Bewerbung. Während Lebenslauf und Zeugnisse nur statisch Auskunft geben, kann ein Bewerbungsanschreiben Erklärungen liefern und Motivationen vermitteln. Egal ob auf Papier oder in elektronischer Form, seine Gestaltung und vor allem auch sein Inhalt müssen ansprechend sein. Vorlagen und Muster sind hier völlig fehl am Platz.

Allein schon der Aufbau für ein Bewerbungsanschreiben sollte wichtigen Regeln zwingend folgen.
Die Anschrift muss exakt diejenige sein, die in der Stellenanzeige als Adresse benannt ist. Bei Initiativbewerbungen sind der Unternehmensname und die richtige Anschrift noch mit dem Zusatz Personalabteilung bzw. Geschäftsleitung zu versehen. Keinesfalls Massenbriefe verfassen und lediglich die Anschriften austauschen. Das geht oft mindestens in einem Fall schief und den Inhalten merkt man ganz schnell die Beliebigkeit an. In jedem Fall muss das Schreiben mit einem Absender versehen sein, um eine mögliche Reaktion auch zu erhalten. Beides ist im Kopf des Schreibens zu platzieren, zum Beispiel: Ganz oben, in einer Zeile, der Absender, normale Schrift, unterstrichen. Darunter, auf der linken Seite, die Anschrift des Unternehmens, hervorgehobene Schrift, gleiche Größe, angeordnet wie bei einem Brief oder einer Postkarte. Die Anrede in allgemeiner Form. An das Ende des Schreibens gehören selbstverständlich das aktuelle Datum und die persönliche Unterschrift.
Die Länge des Schreibens sollte nicht zu starr auf eine einzige Seite fixiert sein. Bei jedem, der viele Informationen zu sich liefern will, wirkt das Ganze sonst sehr verkniffen. Allerdings müssen dann auch maximal zwei Seiten ausrei-

chen, alles darüber hinaus sprengt den verträglichen Rahmen. Man soll sich mit dem Schreiben interessant machen und eine Einladung zum persönlichen Gespräch auslösen. Für dieses muss aber auch noch genügend unbekannter Inhalt übrig bleiben.

Ein Bewerbungsanschreiben verdient Ausdauer, Konzentration, Überlegung und Akribie. Es empfiehlt sich immer, ein Bewerbungsanschreiben gegenlesen und notfalls korrigieren zu lassen. So viel Aufwand muss sein, man möchte die Stelle schließlich haben. Mit halber Kraft lässt sich auch hier nichts erreichen. Ist im eigenen Umfeld niemand zur Kontrolle vorhanden, so gibt es auch dafür Beratungsstellen und Hilfestellungen.

Inhaltlich den Lebenslauf zu wiederholen, das ist ebenso uninteressant und schnell für den Papierkorb geeignet wie abgedroschene Phrasen ohne Bezug zur eigenen Person und zum Stellenangebot. Mit der Entscheidung, sich für eine Stelle bewerben zu wollen, ist ein innerer Entschluss verbunden. Man fühlt sich dafür besonders geeignet, bringt die nötige Erfahrung mit oder traut sich den Job aus anderen Erwägungen ganz besonders zu. Genau diesen Entschluss und seine dazu führenden Gedankengänge und Motivationen sind es, die in ein Bewerbungsanschreiben gehören.

Die fiktive Frage, warum man die geeignete Besetzung wäre, die gehört hier kurz und knackig beantwortet. Soweit man die Behauptungen noch mit ein bis zwei praktischen Details unterlegen kann, wird der Inhalt abgerundet. Der Personalverantwortliche im Unternehmen will sich ein Bild von seinen Bewerbern machen und sie möglichst vorab sortieren. Dabei spielt der Inhalt des Anschreibens eine herausragende Rolle, entscheidet über Fortgang oder Abbruch des Bewerbungsprozesses für den Einzelnen.

Gerade in letzter Zeit ist es üblich geworden, schon die Stellenausschreibung mit einem kleinen Fragenkatalog zu verbinden. Die Beantwortung ist dann selbstverständlich Pflicht. Der geschickte Einbau dieser Antworten im Bewerbungsanschreiben kann mitunter das Interesse an einem Kennenlernen steigern. Damit wäre dann die erste Hürde auch mit Bravour überwunden.

Die Initiativbewerbung braucht eine Strategie

Warum immer erst auf das passende Jobangebot warten, man kann auch selbst die Initiative ergreifen und sich mit einer Bewerbung ins Gespräch bringen. Von vielen Unternehmen wird eine solche Interessenbekundung durchaus positiv bewertet. Vor allem für Neueinsteiger in den Beruf oder auch für Bewerber mit nicht ganz so glatten Lebenswegen ist das eine sehr gute Option. Damit das Ganze aber auch Erfolg verspricht und nicht ins Leere läuft, gilt es ein paar einfache Regeln bei der Initiativbewerbung zu beachten.

Man sollte das Unternehmen schon etwas kennen, bei dem man sich bewirbt.
Das erfordert keine Detailkenntnisse, aber doch mehr als nur vom Namen schon mal was gehört zu haben. Anpreisung heißt auch, sich mit seiner Bewerbung in das Unternehmen einbringen zu wollen und die Passgenauigkeit seiner eigenen Person zu begründen. Es müssen also Aufgabengebiet und Position zumindest eingegrenzt sein. Eine

totale Blindbewerbung findet meist keine Beachtung. In Zeiten verschärften Datenschutzes hat solch eine Offerte noch schlechtere Chancen als ohnehin.

Zur Vorab-Beschäftigung mit dem anvisierten Unternehmen gehört selbstverständlich auch, dass die aktuellen Stellenangebote gesichtet werden. Eine Initiativbewerbung für einen Job, der ohnehin ausgeschrieben ist, wirkt nicht unbedingt professionell und dürfte nicht unbedingt als nachhaltige Empfehlung gelten.

Die eigenen Recherchen müssen auch die passenden Ansprechpartner für eine Initiativbewerbung zu Tage fördern. Der direkte Draht kommt immer am besten an. Das gilt für schriftliche Bewerbungen ebenso wie für die Übersendung der Unterlagen per E-Mail. Ein kurzes Telefonat zur Erfragung des richtigen Ansprechpartners kann dabei durchaus hilfreich sein. Die Übersendung der Unterlagen per E-Mail an eine info@-Adresse hingegen dürfte wohl mit hoher Wahrscheinlichkeit im Spam-Ordner landen. Das kann man sich dann auch gleich schenken.

Zu vermeiden ist auf jeden Fall das Erscheinen im Unternehmen ohne einen entsprechenden Termin. Das nervt alle Beteiligten und dürfte die Chancen einer Bewerbung deutlich absenken. Sollte sich das Unternehmen aber tatsächlich ganz in der Nähe der Wohnung befinden, wirkt der Hinweis in der elektronischen Bewerbung durchaus professionell. Wer seine Bewerbungsunterlagen in diesem Fall persönlich abgeben möchte, um damit Sympathiepunkte zu sammeln, der sollte sich vorher darüber telefonisch mit dem Verantwortlichen abstimmen.

In der Regel wirkt es heute professionell, eine Initiativbewerbung per E-Mail in Gang zu setzen. Das muss auch nicht gleich die gesamte Bewerbermappe sein. Eine Kurzbewerbung mit einem Anschreiben, das Interesse weckt, genügt als erster Schritt. E-Mails lassen sich heute in einem Unternehmen schneller weiterleiten und anderen zur Kenntnis geben.
Ein paar wohldurchdachte Argumente, warum gerade das erwählte Unternehmen der nächste Sehnsuchtsort für den Job werden soll, unterstreichen die Ernsthaftigkeit der übersandten Mail. So steigen die Chancen erheblich, dass man Interesse weckt und mit der Bewerbung auch Erfolg hat.

Bewerbung – Selbstanalyse und Anpreisung

Das Schwierigste an der Job-Suche ist die Bewerbung. Arbeitgeber suchen gefühlt immer die eierlegende Wollmilchsau. Wer kann und will dem schon entsprechen? Im Nu ist man mitten drin in der Bredouille. So sieht man sich erwarteten Eigenschaften gegenüber, die es in dieser Häufung nur ganz selten am Markt gibt. Dabei ist das verfolgte Ziel legitim: Arbeitgeber erwarten nur qualitativ gut gemachte Bewerbungen. Oberflächlichkeit und Schnoddrigkeit sind keine gute Idee. Auch lediglich Zeugnisse einzureichen und auf ihre Wirkung zu vertrauen, genügt schon lange nicht mehr. Der Schwerpunkt einer Bewerbung liegt heute im Anschreiben, es ist praktisch der Dreh- und Angelpunkt des weiteren Verfahrens einer Bewerbung. Einladung oder sofortige Absage werden daran entschieden.

Wie bei einer Produktwerbung, so muss auch bei der Bewerbung um einen Job Wesentliches beachtet werden. Die Anpreisung der eigenen Arbeitskraft soll mit passenden Argumenten unterlegt sein. Diese müssen natürlich die fachliche Eignung beweisen, auf der anderen Seite aber auch ein Persönlichkeitsbild vermitteln. Nur mit Letzterem kann man sich von der Konkurrenz abheben, wenn auf der Leistungsebene eine relativ dichtes Bewerberfeld zu erwarten ist. Der avisierte Arbeitgeber soll damit sensibilisiert und interessiert werden. Es bedarf also einer Strategie, einer Werbestrategie, um genauer zu sein.

Darin müssen die eigenen Kompetenzen und Stärken auf das Anforderungsprofil des Arbeitgebers ausgerichtet werden. Je besser die Übereinstimmung gelingt, desto größer sind letztlich auch die Chancen für den Erfolg der Bewerbung. Um dies zu bewerkstelligen, muss man neben seinen fachlichen auch die emotionalen und sozialen Kompetenzen kennen und ehrlich bewerten können. Das bloße Schwärmen von eigener Stärke und Herrlichkeit ist hier wenig zielführend. Es macht also Sinn, sich anhand einer Bewertungsskala selbst zu analysieren und auch Freunde zu bitten, ihre Bewertung abzugeben. Die Ergebnisse werden hiernach kontrovers und ehrlich ausdiskutiert. Dann hat man eine gute Basis für die Selbstdarstellung.

Anschließend muss das Ganze noch auf das Stellenprofil projiziert werden, um daraus die passenden Argumente abzuleiten. Diese sollen sich schließlich in aussagekräftigen Sätzen wiederfinden, ohne dass es wie eine Aneinanderreihung wirkt. Je kompakter und gelöster die Argumente für die Eigenwerbung vermittelt werden, desto wirksamer kommen sie beim Empfänger an. Da ist es wieder genauso wie bei einer Produktwerbung: Je schneller die Erkenntnis greift, dass das Angepriesene zu den eigenen Bedürfnissen passt, desto intensiver die Verankerung im Gedächtnis. Nun gilt es aber daneben auch, nicht immer nur stromlinienförmig rüberzukommen. Das wirkt auf Dauer uninteressant, langweilig oder es vermittelt sogar ernsthafte Befürchtungen, dass zu viel Schönfärberei betrieben wurde. Werbung darf auch wirken. Also kann man getrost ein paar Dinge bringen, die man an sich selbst als etwas Besonderes erachtet. Der Stolz darauf vermittelt Selbstbewusstsein. Ein gesundes Maß davon soll und muss sich auch in einer Bewerbung widerspiegeln.

Erkennt man allerdings bei all diesem Aufwand, dass Selbstanalyse und Jobanforderungen überhaupt nicht passen wollen, dann ist das auch eine wichtige Erkenntnis und sie hilft, sich nicht wahllos auf Angebote zu bewerben.

Bewerberauswahl vernachlässigt Kernkompetenzen

In Deutschland sind Job-Chancen und auch Einkommen nach Expertenansicht viel zu sehr von formalen Nachweisen über erworbene Bildungs- und Berufsabschlüsse abhängig. Dabei können gerade auch die im Alltag oder bei verschiedenen Tätigkeiten erworbenen Fähigkeiten von großem Interesse sein. Sie bieten oftmals Potenziale, die weitestgehend ungenutzt bleiben und aus Unkenntnis verkümmern. Schon bei der Bewerberauswahl werden hierbei Chancen vergeben. Denn es ist bereits seit langem bekannt, dass etwa 70 Prozent des Wissenserwerbs außerhalb von formalen Bildungsinstitutionen stattfindet und damit ohne formellen Abschluss bleibt. Non-formales und informelles

Lernen begleitet jeden Menschen ein Leben lang und ist damit ein sehr bedeutsamer Bildungsfaktor.

Bereits im Jahre 2016 wurde zur Anerkennung dieser Kompetenzen eine Studie des Bundesinstituts für Berufsbildung (BIBB) durchgeführt. Danach wünschen sich drei von vier Berufsbildungsfachleuten eine stärkere Würdigung individueller Kenntnisse und Erfahrungen, die in der Regel außerhalb von Schule, Ausbildung oder Hochschule erworben worden sind. Rund 70 Prozent der gut 300 befragten Experten aus Betrieben und Kammern, Arbeitnehmerorganisationen, Forschung und Weiterbildung sprachen sich schon vor Jahren für ein deutschlandweit einheitliches Anerkennungssystem aus.

Durch eine „Kultur der Anerkennung" informellen oder non-formalen Lernens, ließen sich die Berufschancen schon bei der Bewerberauswahl deutlich verbessern. Dies würde insbesondere auf An- und Ungelernte zutreffen und wohl gerade auch auf Flüchtlinge, die oft keine formal anerkannten Kompetenzen mitbringen. Das geforderte einheitliche Anerkennungssystem für Kompetenzen kann und soll vor allem den Menschen helfen, die ihre Fähigkeiten bisher nicht auf dem Papier nachweisen können.
Doch nicht nur Arbeitnehmer, auch Betriebe und die Gesellschaft in ihrer Gesamtheit könnten nach Auffassung der Experten von einer besseren Anerkennung profitieren. Zur Kompetenzerfassung und ihrer Bewertung seien Arbeitsproben und Tests zu empfehlen, Referenzen und Zeugnisse dagegen weniger.

Der Rat der Europäischen Union hatte deshalb die Mitgliedstaaten bereits im Dezember 2012 aufgefordert, bis spätestens 2018 jeweils nationale Regelungen für eine Anerkennung informellen und non-formalen Lernens zu entwickeln. In Sicht ist ein solches Anerkennungssystem für individuelle Lernergebnisse trotz breiter Zustimmung unter Experten aber bis heute noch nicht. In Anbetracht der immer stärkeren Thematisierung des Mangels an geeigneten Fachkräften, ist dieses untätige Zuwarten geradezu sträflich.

Bisherige Ansätze, non-formales und informelles Lernen zu bewerten, haben diesen Tatbestand nicht grundlegend ändern können. Es fehlen immer noch allgemein gültige Verfahrensstandards und Gütekriterien. Außerdem gibt es eine Vielzahl von Zertifikaten, Bildungs- oder Kompetenzpässen, die durchgängig keinen einheitlichen Bewertungskriterien zugänglich sind. Dies macht es für Arbeitgeber schwierig, verlässliche und vergleichbare Aussagen bei der Bewerberauswahl über das Wesentliche zu treffen: Nämlich darüber, was ein Bewerber tatsächlich kann.

In der Beantwortung der Bundesregierung vom 30.06.2021 auf eine Kleine Anfrage zu dieser Thematik, wird das ganze Dilemma offenbar: Bürokratische Scheingefechte unter den Beteiligten hemmen greifbare Ergebnisse seit Jahren. Das verabredete Konsensprinzip lässt auch in nächster Zeit keine Fortschritte erwarten (*Quelle: Deutscher Bundestag, Drucksache 19/31312*).

Auch deshalb werden uns viele der in Deutschland ankommenden Flüchtlinge mit Ihrem Können nicht wirklich weiterbringen. Die noch immer über allem wachenden Anerkennungsverfahren bringen schon im Ansatz jeden Enthusiasmus zum Erliegen. Das, was wir hierzulande schon seit Jahren bei der beruflichen Integration Geflüchteter bemängeln, das wird auch weiterhin die Achillesferse bleiben:

Qualifizierte und erfahrene Fachkräfte nehmen überwiegend niedrigschwellige Arbeitsangebote an, um überhaupt tätig werden zu können. Dort verbleiben viele über Jahre, ohne auch nur im Ansatz ihrer Profession gerecht werden zu können. Welch fatales Versäumnis überbordender bürokratischer Selbstbeschäftigung.

Bewerbungsprozess braucht frischen Wind

Sobald Schlagwörter wie Digitalisierung oder Industrie 4.0 fallen, dann bekommen viele Personaler feuchte Augen. Zu schön sind doch die Versprechen der Zukunft, die so salopp mit dem Begriff der künstlichen Intelligenz umrissen werden. Die Begeisterung scheint teilweise so groß zu sein, dass ganz profane Prozesse der Gegenwart mit Missachtung bestraft werden. Die Kommunikation im Bewerbungsprozess ist dafür ein beredtes Beispiel. Denn Zukunft hin oder her, Personal wird schon heute gebraucht und das fast überall.
Dabei liegen Anspruch und Wirklichkeit oft weit auseinander. Eine Annäherung müsste durchgängig das erklärte Ziel sein. Andernfalls stagniert der jeweils angestrebte Entwicklungsprozess. Am Beispiel des vielerorts prognostizierten Fachkräftemangels lässt sich eine solche Beobachtung sehr lehrreich nachvollziehen: Obwohl seit Jahren die Tendenz schwindender Ressourcen in vielen Fachbereichen bekannt ist, schlingert der Bewerbungsprozess vieler Unternehmen unverändert in alten Bahnen.

Dabei sind die Instrumente des Marketings und der Kundenpflege seit langem auf die Bedarfe am Markt ausgerichtet. Sie werden auch sehr flexibel den Veränderungen des

Kundenverlangens angepasst. Beim Bewerbungsprozess hingegen herrschen vielerorts völlig antiquierte Denkweisen vor. Dabei gelten doch auch hier vor allem die Grundregeln von Angebot und Nachfrage.

Potenzielle Azubis und Mitarbeiter erfordern Kundenstatus. Der Begriff des Personalmarketings muss damit deutlich an Kontur gewinnen. Freie Stellen zu veröffentlichen und auf Bewerber zu warten, das genügt heute nicht mehr. Die Rollen sind inzwischen schon deutlich vertauscht: Im Wettbewerb um Mitarbeiter müssen sich Unternehmen gezielt um Azubis und Fachkräfte bemühen. Active Sourcing heißt dieses Vorgehen unter Fachleuten.

Die Herausforderung für den Bewerbungsprozess der Zukunft besteht darin, die eigenen Arbeitgeberqualitäten als Marketinginstrument zu nutzen. Dazu muss der Arbeitgeber möglichst viel über die bevorzugten Zielgruppen wissen. Nicht nur, wo man sie kommunikativ findet, sondern auch, wie man sie mit welchen Informationen anspricht, wie sie Entscheidungen treffen, wie man sie motiviert und an sich bindet.

Eigentlich gar nicht so schwer, erst recht in Zeiten stetig fortschreitender Digitalisierung. Doch der Bewerbungsprozess der Gegenwart bringt deutliche Ernüchterung, vor allem auf Seiten der potenziell Suchenden. Noch heute erhalten Prozent fast 50 Prozent der Azubi-Bewerber keine Absage, wenn ihre Bewerbung nicht berücksichtigt wurde.

Unverbindlichkeit im Bewerbungsprozess gibt es natürlich auf beiden Seiten:
Jeder zehnte Azubi tritt seine Ausbildung nicht an, obwohl ein Vertrag unterschrieben wurde. Es hatte demnach wohl

nicht gepasst, könnte man meinen. Anspruch und Wirklichkeit waren nicht annähernd deckungsgleich.

Die Auswirkungen wiegen auf Arbeitgeberseite dann aber deutlich schwerer: Ist das Erleben im Bewerbungsprozesses negativ, so entscheiden sich viele der Enttäuschten, dass sie bis auf Weiteres davon absehen, Produkte des Unternehmens zu kaufen. Darüber hinaus kommt die jeweilige Firma auch für die nächsten Jahre als potenzieller Arbeitgeber für sie nicht mehr in Betracht. Schlussendlich würden die so Betroffenen gar ihrem Bekannten- und Freundeskreis davon abraten, sich bei dem in Rede stehenden Unternehmen zu bewerben. In Zeiten von Social Media und Bewertungsportalen ein fatales Finish.

Das individuelle Erleben im Bewerbungsprozess beeinflusst also nachweislich das Firmen-Image.
Die Darstellungen auf der eigenen Webseite spielen demnach nur eine untergeordnete Rolle. Maßgeblich sind die qualitativ hochwertigen Umwerbungen des Einzelnen, von der Stellenausschreibung bis hin zum Einstellungstermin. Davon sind viele Unternehmen weit entfernt, trotz Fachkräftemangel. Dieser entsteht wohl oft gerade erst durch die Fehler im Prozess.

Eine völlig unangebrachte Arroganz auf Arbeitgeberseite, Bürokratie und ein Mangel an Flexibilität zeigen potenziellen Kandidaten bereits im Bewerbungsprozess das Maß an Wertschätzung, was sie als Mitarbeiter erwartet. Hier besteht akuter Handlungsbedarf. Was dabei versäumt wird, das kann kein intelligenter Algorithmus in Zukunft reparieren: Verlässlichkeit und Vertrauen bilden die zutiefst menschliche Basis einer Zusammenarbeit.

Datenschutz bei Bewerbungen

Am 25. Mai 2018 trat die Verordnung für den verschärften europäischen Datenschutz in allen EU-Mitgliedstaaten ohne Übergangsfrist in Kraft. Die Datenschutzgesetze des Bundes und der Länder beruhen auf diesen Vorgaben und setzen sie verbindlich um. Diese Regelungen sollen seither natürlichen Personen überall dort Schutz geben, wo ihre persönlichen Daten automatisiert verarbeitet werden. Das betrifft natürlich neben den Online-Geschäften auch die Arbeitsverhältnisse und vor allem die Bewerbungen.

Nun sind in der oftmals diffusen Hektik in Zeiten der Corona-Pandemie sprichwörtlich viele heilige Kühe geschlachtet worden. Nicht nur die massiven Grundrechtseinschränkungen waren bis dato unvorstellbar, auch der Datenschutz kam bei vielen Maßnahmen komplett unter die Räder. So langsam aber besinnen sich viele Menschen wieder ihrer Rechte und wollen für die Rückgewähr auch nicht lange betteln. Schließlich sind die rechtlichen Grundlagen eindeutig.
Auch im beruflichen Bereich war der Datenschutz in der jüngsten Vergangenheit nicht immer gewährleistet. Vieles widerspricht geradezu rechtsstaatlichen Grundsätzen und bedarf einer radikalen Umkehr. Die Folgen von latenter Nachlässigkeit sind gerade auf diesem Gebiet gefährlich.

So beispielsweise bei dem bekannten Szenario: Bewerbungsunterlagen werden bei potenziellen Arbeitgebern eingereicht, heute bevorzugt per E-Mail. Doch was passiert eigentlich mit den elektronisch gespeicherten Daten?
Bei Einstellung werden diese bekanntlich in die Personalakte übernommen. Bei Nichtberücksichtigung wird die Sache heikel. Immerhin handelt es sich um persönliche Daten,

die man nur für einen bestimmten Zweck preisgegeben hat. Gehen wir in der Regel im täglichen Leben sehr bedacht mit unseren Daten um, so nachlässig wird sich oft in den Bewerbungsverfahren verhalten. Kaum jemand kommt auf die Idee, das Unternehmen auf die Löschung der Daten hinzuweisen und auf die Vernichtung zusätzlich eingereichter Unterlagen.

Oft werden Bewerbungen gar so massenhaft versandt, dass sich mit der Zeit auch der Überblick verliert. Dabei wäre die Sache eigentlich recht simpel. Nichtberücksichtigte Bewerbungsunterlagen sind nach einer kurzen Aufbewahrungsfrist zu vernichten und die Daten zu löschen. Doch das wissen viele Arbeitgeber überhaupt nicht, soweit sie nicht über eine gut funktionierende Personalabteilung verfügen.

Diese Unwissenheit kann durchaus teuer werden. Die verschärften Regeln zum Datenschutz schreiben vor, dass Arbeitgeber in Arbeitsverträgen und auch bei Bewerbungsverfahren schriftlich „Hinweise zur Datenverarbeitung" aufzunehmen haben und sich diese gegenzeichnen lassen müssen. Dort müssen die Einzelheiten zur Speicherung, zur Weitergabe und zur Löschung geregelt sein.

Auf Anforderung der zuständigen Aufsichtsbehörde muss der Arbeitgeber jederzeit nachweisen können, welche Verarbeitungsprozesse und Maßnahmen zur Datensicherheit stattfinden. Die laufende Pflege des Datenbestandes soll durch einen Maßnahmeplan zur Optimierung der Datensicherheit dokumentiert werden. Jeder Verstoß gegen den Datenschutz muss innerhalb von maximal 72 Stunden bei der zuständigen Datenschutzbehörde gemeldet werden.

Der bloße Verstoß gegen die Meldepflicht oder auch Verstöße gegen die sonstigen Erfordernisse des Datenschutzes können zukünftig ein äußerst schmerzhaftes Bußgeld in Höhe von bis zu 20 Mio. Euro oder 2 Prozent des Konzernumsatzes nach sich ziehen. Einer wahllosen Sammelwut an Daten soll damit vorgebeugt werden, neben der latenten Gefahr des Missbrauchs.

Doch bei aller Vorsicht dürfen andere Aspekte der Speicherung nicht völlig unberücksichtigt bleiben. Das sofortige Löschen von Daten nicht in Frage kommender Bewerber birgt durchaus Gefahren.
Jeder Bewerber kann bekanntlich in der Frist von zwei Monaten gegen seine Nichteinstellung klagen. Zu Beweiszwecken braucht der Arbeitgeber hier noch die Unterlagen. Ansonsten wäre er zu Beweis und Verteidigung bei eventuell folgenden Prozessen nicht in der Lage. Drei Monate nach der ablehnenden Entscheidung besteht für die Unternehmen dann aber kein Anlass mehr, die sensiblen Daten weiter gespeichert zu halten. Alles andere bedarf der ausdrücklichen Genehmigung des Bewerbers. So auch, wenn Unternehmen sich mit Bewerberdaten für zukünftige Vakanzen bevorraten wollen.

Lebenslauf – Spielfeld für große und kleine Lügen

Der Arbeitsmarkt ist voll von Angebern. Auf den Schreibtischen von Personalchefs landet so mancher Lebenslauf von jungen Leuten um die Mitte 20, die gleich mehrere Sprachen beherrschen, über Projekterfahrung mit internationalem Bezug verfügen, durchweg Einser-Abschlüsse vorzuweisen haben und sich nebenbei noch durchgängig für das Gemeinwohl engagieren. Damit liegen sie aber voll im Trend, denn eine Armee von professionellen Bewerbungsexperten rät in Seminaren und Büchern ausdrücklich dazu, den bisherigen Werdegang bei einer Bewerbung deutlich aufzupeppen. Kreativität im Lebenslauf erscheint vielen als Kavaliersdelikt.

Der Lebenslauf soll Werbung für die eigene Person sein. Damit will man sich abheben aus der Masse der Mitbewerber. Sonst ist die Chance, regelmäßig Absagen zu kassieren, prozentual deutlich größer. Doch nicht immer passen die Abläufe der vergangenen Jahre auch zu den Idealvorstellungen, die man mit seiner Eigenwerbung vermitteln will. Da gibt es Brüche, Ungereimtheiten und Lücken. Schnell sind die Gedanken also bei Optimierungsstrategien, was absolut menschlich und auch verständlich erscheint. Da wird aus der letzten Arbeitslosigkeit schnell ein Studienaufenthalt im Ausland und ständige Arbeitgeberwechsel werden als in sich abgeschlossene Projektphasen verkauft. Derlei Praktiken sind auch längst nicht mehr verpönt. Immer neue Beispiele aus Politik und Wirtschaft haben gezeigt, wie weit man mit solch aufgepepptem Lebenslauf kommen kann. Die Frage ist nur, wann die Grenze zwischen geschönter Wahrheit und glatter Lüge überschritten ist. Manches wird zur Gratwanderung, dann droht das Fiasko schon aus der Ferne. Sind blumige Formulierungen bei den eigenen Soft Skills noch mit einem Schmunzeln hinnehmbar, so erweisen sich Lügen nicht selten als späterer Karrierekiller.

Eine Lüge ist bekanntlich eine Täuschung, die bewusst irreführt und beim Adressaten eine Fehlvorstellung über tatsächliche Umstände hervorruft.

Derlei ist ein Kündigungsgrund und kann auch zu Schadenersatzforderungen führen, wenn es um Fragen an den Bewerber ging, die für die Bewertung der Eignung zwingend erforderlich und zulässig sind. Dazu gehören etwa Aussagen über Verfügbarkeit, Nebenbeschäftigungen, den beruflichen Werdegang oder schwere Behinderungen. Das Fälschen von Zeugnissen und Referenzen besitzt darüber hinaus auch strafrechtliche Relevanz. Der Gebrauch gefälschter Unterlagen kann selbst nach Jahren erfolgreicher Tätigkeit noch als Kündigungsgrund herangezogen werden. Natürlich müssen Lüge und Schaden nachgewiesen werden, manchmal ist auch das schwierig.
Unwahre und prahlerische Darstellungen über gesammelte Erfahrungen sollten also immer gut überlegt sein. Die sogenannte Nagelprobe, wo der Beweis für das behauptete Können erbracht werden muss, folgt meist sehr schnell. Ein hohes Maß an Ehrlichkeit ist hingegen auch bei Personalchefs gern gesehen. Viele lieben inzwischen sogar Lebensläufe, die eine ordentliche Portion an Erfahrung vermitteln und nicht immer nur geradlinig verlaufen sind.

An einigen Stellen ist aber selbst die Lüge ohne Folgen: Etwa wenn es um die Konfession, um eine Schwangerschaft oder Fragen zur Familienplanung geht, wenn die sexuelle Orientierung thematisiert wird oder längerfristige Erkrankungen in der Vergangenheit. Dies greift in höchstpersönliche Rechte ein, zu deren Offenbarung niemand verpflichtet ist. Lügen sind hier unschädlich.

Regeln für das Vorstellungsgespräch

Ein begehrtes Zwischenziel im Bewerbungsprozess ist ohne Zweifel das Vorstellungsgespräch. Mit einer Einladung hierzu ist die erste Hürde erfolgreich genommen. Die eingereichten Bewerbungsunterlagen waren zumindest so ansprechend, dass sie Interesse auf mehr geweckt haben. Das Mehr besteht vor allem im persönlichen Kennenlernen, sozusagen der Kür nach bestandener Pflichtübung. Dabei gilt es, ein paar grundsätzliche Regeln zu beachten. Diese sind auch heute keineswegs verstaubt.

Natürlich gibt es bereits ausreichend Ratgeber, die sich mit dem Frage-Antwort-Spiel im Vorstellungsgespräch erschöpfend befassen. Doch nützen diese wenig, wenn der einladende Betrieb sich nicht für Standardfragen und vorbereitete Standardantworten interessiert. Es geht in erster Linie um Sympathie und passende Persönlichkeit, alles andere liegt bereits schriftlich vor. Entscheidend ist also vor allem die Einstellung, mit der man in dieses Gespräch geht.

Der Gesprächspartner im Vorstellungsgespräch ist in jedem Fall positiv eingestellt: Er möchte seine Vorauswahl nach dem Gespräch gern bestätigt wissen.
Deshalb muss man sich weder verstellen, noch sollte man übermäßig Gelassenheit oder gar Überheblichkeit an den Tag legen. Viel wichtiger ist der erste Belastungstest des eigenen Inneren in Bezug auf Umfeld und Atmosphäre des neuen Unternehmens. Die Vorstellung, in einem unbehaglichen Gesamtkontext die nächste Zeit beruflich verbringen zu müssen, sollte nie verdrängt werden. Bleibt man also authentisch und so entspannt wie möglich, kommt ganz schnell eine gelöste Atmosphäre zustande. Diese hilft bei-

den Seiten, sich intensiver kennenzulernen und die nötigen Schlüsse daraus zu ziehen.

Selbstverständlich wird das Vorstellungsgespräch vor allem von Fragen getragen, um das äußere Erscheinungsbild abzurunden und die Daten der Bewerbungsunterlagen zu hinterfragen. Dabei ist dem Personaler die Gesprächsleitung zu überlassen. Höflichkeit ist eine gern erwiderte Tugend. Sollten einem allerdings Situationen oder Fragen unbehaglich sein, so darf man das natürlich durchaus zeigen. Auch anfängliche Nervosität ist absolut menschlich, sie muss sich im Laufe des Gesprächs aber legen.

Auch wenn sich relativ schnell ein gutes Gefühl einstellt, zu viel Intimität gilt es zu vermeiden. So gehört in ein Vorstellungsgespräch keinesfalls die Generalabrechnung mit dem bisherigen Arbeitgeber zur Begründung des Jobwechsels. Ebenso verbietet sich ein tiefer Einblick in die eigene Privatsphäre. Freundschaften kann man zu einem späteren Zeitpunkt schließen.

In jedem Fall muss, dem Anlass des Gesprächs entsprechend, genügend Achtung aufgewendet werden. Dazu gehören, neben höflichen Selbstverständlichkeiten wie Pünktlichkeit und Blickkontakt, auch Kleidung und Körperpflege. Wie bei jedem Zusammentreffen von Menschen, so entscheiden auch hier die ersten Augenblicke über den Verlauf der Sympathiekurve.

Abschied vor dem Einstieg

Die Suche nach einer neuen Stelle konzentriert sich nur selten auf ein einziges Angebot. Gern werden Bewerbungen breit gestreut, um die Chancen zu erhöhen. Die Risikobereitschaft geht manchmal sogar soweit, dass ein Arbeitsvertrag unterschrieben wird, obwohl die Suche nach dem Traumjob weitergeht. Tritt dann der erwünschte Fall ein, dass ein nachfolgendes Angebot den eigenen Erwartungen noch besser entspricht, eröffnen sich rechtliche Fragestellungen. Vor allem geht es um die Lösung der vorab schon eingegangenen vertraglichen Verpflichtungen. Kann man einfach so wegbleiben? Ein leiser Abschied sozusagen. Oder ist der Nichtantritt der neuen Stelle mit Risiken behaftet?

Zwei Arbeitsverträge kann man nicht gleichzeitig erfüllen, zumindest wenn es sich um Vollzeit-Jobs handelt.
Ein Rücktritt vom Vertrag ist im Arbeitsrecht nicht vorgesehen. Dort gilt die allgemeine Regel, dass Verträge zu erfüllen sind. Das schon seit Jahrhunderten bewährte Prinzip der Vertragstreue, pacta sunt servanda, ist zugleich der wichtigste Grundsatz des Vertragsrechts. Will man sich davon lösen, bleibt nur der Weg über eine Kündigung. Das gilt auch vor dem eigentlichen Arbeitsbeginn.

Ist also im verschmähten Vertrag eine Kündigungsfrist enthalten, so führt der Abschied auch zwangsläufig nur über diese. Gibt es hingegen keine vertragliche Frist, dann gilt die gesetzliche Regelung des § 622 BGB. Endet dabei die Kündigungsfrist vor dem vertraglich vereinbarten Arbeitsbeginn, so muss das unliebsame Arbeitsverhältnis gar nicht erst angetreten werden. Auch wenn Vertragsbeginn und tatsächliche Arbeitsaufnahme durchaus zeitlich auseinander fallen können, bedarf es trotzdem einer Kündigung für den schnellen Abschied.

Etwas anderes gilt nur dann, wenn im Arbeitsvertrag ausdrücklich geregelt ist, dass eine Kündigung vor Arbeitsantritt unzulässig ist.
Solch eine Klausel ist rechtlich möglich. Dann muss die Stelle angetreten werden und eine Kündigung wäre frühestens am ersten Arbeitstag möglich. Während der einzuhaltenden Frist hat man wohl oder übel seine Arbeitspflicht zu erfüllen. Einzige Möglichkeit für einen schnellen Abschied wäre dann, eine einvernehmliche Regelung zur Aufhebung des Arbeitsvertrages zu finden. Nicht selten stimmen Arbeitgeber solchem Verlangen zu. Mit von vornherein unmotiviertem Personal lässt es sich bekanntlich nicht gut arbeiten.

Im Übrigen gilt der Grundsatz aber auch für den Arbeitgeber, der nach einer Vertragsunterzeichnung plötzlich einen anderen Bewerber favorisiert oder gar keinen Bedarf mehr an zusätzlichem Personal hat.

Gefährlich wird es dagegen, wenn man gar nichts tut und den vereinbarten Arbeitsbeginn einfach verstreichen lässt. Dann kann der Arbeitgeber Schadensersatz verlangen, soweit ihm durch den Nichtantritt ein Schaden entsteht. Das können die Kosten einer Aushilfskraft sein, die deutliche Mehraufwendungen verursacht. Ein Schaden kann aber auch dadurch entstehen, dass neue Anzeigen geschaltet werden müssen. Fühlt sich ein Arbeitgeber also hintergangen, so wird er einen Schaden auch leicht beziffern können. Das kann sehr schmerzhaft für den eigenen Geldbeutel werden. Etwas weniger Risiko und mehr Offenheit sind also die deutlich besseren Strategien.

Praktische Bewerbertests und ihre Regeln

"Butter bei die Fische geben", mit dieser Redewendung könnte man das umschreiben, was bei vielen Arbeitgebern inzwischen beliebt ist - praktische Bewerbertests. Denn nichts anderes, als endlich zur Sache kommen und nicht weiter drumherum zu reden, das will diese Weisheit vermitteln. Risikofreude bei der Auswahl der geeigneten Bewerber ist keine bevorzugte Eigenschaft auf Arbeitgeberseite. Sich allein auf die Aussagen in den eingereichten Unterlagen zu verlassen, das gilt inzwischen nicht unbedingt mehr als probates Verfahren. Heute will man Taten sehen. Doch derlei Tests sind nicht ganz unproblematisch. Zumindest dann, wenn darüber keine schriftlich fixierte Vereinbarung getroffen wird, die alles Wesentliche regelt und das Ganze auch noch unentgeltlich erfolgen soll.

Generell sind ordnungsgemäß vereinbarte Probearbeitstage als praktische Bewerbertests auch ohne Vergütung arbeitsrechtlich zulässig. Allerdings gilt es, sie strikt von Probearbeitsverhältnissen zu unterscheiden. Während letztere ein befristetes Vertragsverhältnis mit allen Rechten und Pflichten begründen, sind Probearbeitstage als Vertrag eigener Art anzusehen. Ein solches Einfühlungsverhältnis oder auch Schnupper-Praktikum kann jederzeit auch mündlich begründet und auch ebenso unkonventionell wieder beendet werden.

Leider machen sich einige wenige Unternehmen diese rechtlich zulässige Möglichkeit zunutze, um lediglich die unentgeltliche Arbeitsleistung abzugreifen. Eine Einstellung verfolgen diese Unternehmen zu keinem Zeitpunkt. Doch allein schon die Erwartung einer Arbeitsleistung macht aus der Erprobung arbeitsrechtlich ein Arbeitsverhältnis, das natürlich auch bezahlt werden muss. Die konkrete Ausgestaltung des Einfühlungsverhältnisses ist deshalb vorab von entscheidender Bedeutung - für beide Seiten.

Eine schriftliche Vereinbarung zu den Bewerbertests ist immer sinnvoll, auch mit dem Hinweis, dass keine Arbeitspflicht besteht und dass das gegenseitige Kennenlernen den Schwerpunkt bildet. Soll für den kurzen Einsatz keine Vergütung erfolgen, so muss auch das geregelt sein. Damit sind Missverständnisse von vornherein ausgeschlossen.
Natürlich hat der Unternehmer während dieser Testphase keinerlei Weisungsrecht gegenüber dem Bewerber. Dieser ist schließlich nicht vertragsgebunden. Erhält er dennoch Anweisungen, so kann der Kandidat aber auch davon ausgehen, dass er für die Befolgung der Weisungen vergütet wird. Muss er sogar genauso arbeiten wie die übrigen Arbeitnehmer im Betrieb, so entsteht in der Regel stillschweigend ein normales Arbeitsverhältnis. Das ist natürlich mit den üblichen Inhalten verknüpft, auch wenn das nicht ausdrücklich vereinbart wurde: Vergütungspflicht, Versicherungspflicht, Kündigungsfrist.

Die Höhe der Entlohnung würde sich dann anhand der Üblichkeit bestimmen. Die Beweislast, dass kein Arbeitsverhältnis entstanden ist, liegt in diesem Fall beim Arbeitgeber. Das könnte schwierig und auch teuer werden, wenn die Regeln bis dahin sorglos außer Acht geblieben sind.
Aber auch für den Bewerber bieten sich Stolperfallen.
So besteht ein Unfallversicherungsschutz bei Einfühlungsverhältnissen nur, wenn der Bewerber Leistungsempfänger der Bundesagentur für Arbeit ist und die Schnupperphase auf deren Veranlassung hin durchgeführt wird. Soweit der

Schnupperkandidat Verursacher eines Schadens im Betrieb wird, ist dessen private Haftpflichtversicherung zuständig. Bei Zweifeln kann sich der Arbeitgeber im Vorfeld schriftlich bestätigen lassen, dass der Bewerber über eine solche Haftpflichtversicherung verfügt.

Freiwilligendienste – Sprungbrett und Problemlöser

Mit konstanter Regelmäßigkeit treten immer wieder Politiker an, um aktuelle Probleme der Gesellschaft mit durchdachten Entscheidungen zu lösen. Doch im Grunde wird dabei lediglich in Aussicht gestellt, über profunde Lösungsansätze zu verfügen. Diese werden dann oft erst anhand aktueller Tendenzen weiterentwickelt und präzisiert. Nicht immer gelingt eine Lösung, obwohl das in den Wahlversprechen noch ganz einfach klang.

So ähnlich funktioniert das seit vielen Jahren auch bei der Thematik des Fachkräftemangels in der Pflege. Als Notnagel steht dann auch ganz regelmäßig wieder eine Dienstpflicht in Rede, um das lästige Problem endlich vom Tisch zu verbannen. Das, obwohl es seit langem sehr verlässliche Instrumente am Markt gibt: Die Freiwilligendienste erledigen bisher sehr klaglos das, was gesellschaftlich seit langem verschlafen wird. Würde man diese auch noch gesamtgesellschaftlich aufwerten, dann können daraus auch zukünftig echte Problemlöser werden.

Freiwilligendienste sind eine Form des sozialen Engagements. Die Aufgabenfelder sind breit gestreut, ein Spielfeld für viele Interessen. Lange schon stieg die Zahl derer, die sich zeitlich begrenzt in den Dienst für andere stellen, stetig an. Doch seit 2018 ist ein konstanter Rückgang des Interesses zu verzeichnen. Mangelndes gesellschaftliches Anerkenntnis und nur sehr geringe finanzielle Unterstützung laden nicht gerade dazu ein, das Ganze zu einem MUSS persönlicher Entwicklung werden zu lassen. Dabei sind die Dienste im gesamtgesellschaftlichen Interesse und könnten bei deutlich besserer Förderung auch so manches Personalproblem lösen, kurzfristig und vor allem auch langfristig.

Immerhin entscheiden sich noch jährlich Tausende Jugendliche nach dem Abschluss ihrer Schullaufbahn für zeitlich begrenzte Freiwilligendienste. Die Motivationen hierfür sind durchaus ähnlich: So werden oft die nötigen Impulse gesucht, um für sich persönlich eine ansprechende berufliche Zukunft zu finden. Für andere ist es eine sinnvolle Überbrückung der Wartezeit auf einen Studien- oder Ausbildungsplatz. Mancher Teilnehmer setzt auch auf den Vorteil: So können Freiwilligendienste als Praktikum oder Anerkennungsjahr für bestimmte Ausbildungen oder Studiengänge Berücksichtigung finden. Die Zeit wird bei vielen Hochschulen als Wartezeit angerechnet und ermöglicht oft Sonderpunkte bei der Bewerbung.

Entgegen vieler Behauptungen sind die Freiwilligendienste aber nicht durchgängig nur für junge Menschen geöffnet. Vor allem im Bundesfreiwilligendienst setzt man verstärkt auch auf das Engagement älterer und erfahrener Menschen. Umso unverständlicher erscheint es, dass derlei Einsatz weitestgehend ein Randthema ist und nur sporadisch Anerkennung erfährt. Derlei gehört in die Mitte der Gesellschaft und vor allem auch finanziell stärker gefördert.

Zur Orientierung, die bekanntesten Freiwilligendienste:

Bundesfreiwilligendienst (BFD)
Der BFD ist die Nachfolgeinstitution des Zivildienstes auf freiwilliger Basis. Dafür steht der Dienst natürlich auch Frauen und älteren Menschen offen. Abgeleistet wird der Dienst vor allem in Einrichtungen der Wohlfahrts-, Gesundheits- und Altenpflege sowie der Behindertenhilfe, aber auch in der Kinder- und Jugendhilfe, im Katastrophenschutz oder im Umweltschutz. Der Dienst dauert auch hier in der Regel 1 Jahr, mindestens jedoch 6 Monate, höchstens 24 Monate. Als Aufwandsentschädigung wird ein Taschengeld von maximal 453 € monatlich (Stand 2024) bezahlt. Urlaub bekommt man natürlich auch, mindestens 24 Tage pro Jahr. Bewerben muss man sich beim jeweiligen Träger, der auch die Versicherung übernimmt. Im Unterschied zu anderen Programmen gibt es keine Altersgrenze nach oben, die Dauer kann auf zwei Jahre verlängert und auch in Teilzeit durchgeführt werden. Zudem sind nach fünfjähriger Pause Wiederholungen möglich. Wie der Name schon sagt, kann der BFD nur in Deutschland geleistet werden, während FSJ und FÖJ auch im internationalen Rahmen geleistet werden können.

Freiwilliges soziales Jahr (FSJ) und Freiwilliges ökologisches Jahr (FÖJ)
Beide Freiwilligendienste unterscheiden sich allein hinsichtlich der Einrichtungen, in denen sie abgeleistet werden können. Während das FSJ vorwiegend in der Alten-, Kranken- oder Behindertenpflege, der Kinderbetreuung, Jugendfreizeit, im Sport, der Kultur oder in der Denkmalpflege erfolgt, bieten für das FÖJ vor allem Einrichtungen in der Landschafts- und Forstpflege, in der ökologischen Landwirtschaft, in der Umweltbildung, in der Umweltinformation sowie Religionsgemeinschaften Plätze an. Sowohl FSJ als auch FÖJ dauern in der Regel 1 Jahr, mindes-

tens jedoch 6 Monate und höchsten 18 Monate. Bewerben muss man sich beim jeweiligen Träger, der auch die Versicherung übernimmt. Zugang besteht nach dem Ende der Schulpflicht bis zum 27. Lebensjahr. Aufwandsentschädigung und Urlaubsanspruch sind identisch mit denen im BFD.

Europäischer Freiwilligendienst (EFD)
Beim Europäischen Freiwilligendienst wird die Möglichkeit geboten, in einem Zeitraum von sechs bis 12 Monaten ins europäische Ausland zu gehen. Dort arbeitet man in einer gemeinnützigen Einrichtung oder Organisation und lernt gleichzeitig den Lebensalltag des Landes kennen. Projekte gibt es im sozialen, kulturellen, sportlichen oder ökologischen Bereich. Mitmachen kann jeder, der zwischen 18 und 25 Jahren alt ist. In Ausnahmefällen kann man auch schon ab 16 bzw. bis 30 teilnehmen. Ansonsten sind keine Bedingungen gegeben. Der EFD ist ein von der Europäischen Union gefördertes Programm und für die Freiwilligen kostenlos. Daneben gibt es noch diverse internationale Freiwilligendienste, wie zum Beispiel „weltwärts" oder „kulturweit".

In jeder Absage steckt auch eine neue Chance

Eine Bewerbung ist eine ernsthafte Sache. In der Regel ist der gesamte Prozess mit Aufwand und Emotionen verbunden. Die Erwartungshaltung wächst nach Einreichung der Unterlagen und erreicht einen Höhepunkt, sobald die Einladung zum persönlichen Gespräch eintrifft. Die Mühen beim Verfassen von Anschreiben und Lebenslauf scheinen sich dann gelohnt zu haben. Das Ziel der Bewerbung, der angestrebte Job, rückt in greifbare Nähe. Je weiter man im Verfahren der Auswahl vorangekommen ist, desto größer wird die innere Anspannung. Teilweise identifiziert man sich schon mit den zukünftigen Aufgaben und schmiedet erste vorsichtige Pläne für die berufliche und persönliche Zukunft. Eine Absage kommt gedanklich kaum vor.

Doch hier ist immer ein gewisses Maß an Nüchternheit geboten. Erst die Zusage oder die damit einhergehende Unterschrift machen den Traum zur Wirklichkeit. Flattert unvermittelt mit der Post eine Absage ins Haus, was auch per E-Mail, per Telefon oder im schlechtesten Fall durch absolute Funkstille geschehen kann, scheinen alle Anstrengungen umsonst gewesen zu sein. Der (fast) sicher geglaubte Job ist anderweitig vergeben und gähnende Leere macht sich unvermittelt breit. Alles bleibt beim Alten. Manche neigen gar dazu, sich die Absage schön zu reden. Sie geben dem Unternehmen die Schuld und wittern Verschwörung.

Dabei ist eine Absage etwas völlig Normales. Nicht jeder Bewerber kann zum Zuge kommen. Doch es gibt immer wieder neue Chancen, mit Sicherheit auch beim zuletzt vergeblich umworbenen Unternehmen.
Vor allem steht die Analyse der Gründe an, die zur Absage geführt haben. Diese zu erfahren, das ist so einfach nicht. Vor dem Hintergrund möglicher Diskriminierungsklagen, verzichten Unternehmen in wachsendem Maße auf eine ehrliche Begründung für die Absage. Oft sind es nur noch Standardschreiben, die jegliche Aussage vermeiden. Dennoch sollte man sich die Mühe machen, die Gründe der Absage zu erfragen. Oft gelingt es mit einer Kontaktaufnahme zum Gesprächspartner aus dem Vorstellungsgespräch, indem man um nützliche Tipps und Verbesserungsanregungen für die Zukunft bittet. Viele Unterneh-

men werden auf vernünftige Nachfragen auch seriös reagieren.
Engagierte Bewerber sind für jedes Unternehmen ein kostbares „Gut". Zukünftiger Bedarf an Personal kann viel kosten- und zeitsparender sichergestellt werden, wenn man eine Möglichkeit schafft, bereits bekannte Bewerber regelmäßig wieder umwerben zu dürfen. Deshalb wird man von Unternehmensseite meist dankbar sein, wenn sich vorerst abgelehnte Bewerber für spätere Ausschreibungen vormerken lassen. Ein deutlicher Hinweis von Bewerberseite, auch schon im Bewerbungsprozess, kann dafür sehr hilfreich sein. Hiernach sind Unternehmen viel offener in der Darlegung ihrer Ablehnungsgründe.

Damit lässt sich dann sehr gut arbeiten, um für das nächste Mal bessere Karten zu haben. Doch auch die Selbstkritik muss relativ schnell die Oberhand gewinnen, damit eventuelle Fehler, Nachlässigkeiten, Versäumnisse oder Unklarheiten in den Unterlagen behoben und beseitigt werden. Es gibt schließlich immer Verbesserungsbedarf und den muss man analysieren. Wer hierbei im sprichwörtlichen Regen steht, der sollte sich unbedingt helfen lassen. Der Zeitaufwand lohnt allemal. Wer möchte schon ständig Absagen erhalten. Im Übrigen gilt auch hier das in der Wirtschaft praktizierte Vier-Augen-Prinzip: Was der eine übersieht, das fällt dem anderen auf.

Sexuelle Identität und Benachteiligung

Diskriminierung und Benachteiligung spielen immer noch eine beachtliche Rolle in unserer Gesellschaft. Dabei sind die Konsequenzen hierfür gesetzlich geregelt. Doch noch viel zu selten wird sich auch darauf berufen. Oft sind es lediglich die krassesten Verstöße, die auch eine Ahndung erfahren.

Der Anspruch auf Entschädigung nach § 15 Abs. 2 Allgemeines Gleichbehandlungs - Gesetz (AGG) setzt einen Verstoß gegen das in § 7 Abs. 1 AGG geregelte Verbot der Benachteiligung voraus. Danach ist eine Benachteiligung wegen eines in § 1 AGG genannten Motivs untersagt, also auch dann, wenn Geschlecht und sexuelle Identität als Gründe gelten. Die Regelung des § 7 Abs. 1 AGG verbietet sowohl unmittelbare als auch mittelbare Benachteiligungen. Nach § 3 Abs. 1 Satz 1 AGG liegt eine unmittelbare Benachteiligung dann vor, wenn eine Person wegen eines in § 1 AGG genannten Grundes eine weniger günstige Behandlung erfährt als eine andere Person in einer vergleichbaren Situation.

Im Hinblick auf eine bei einer Einstellung zu treffende Auswahlentscheidung des Arbeitgebers, befinden sich Personen grundsätzlich bereits dann in einer vergleichbaren Situation, wenn sie sich für dieselbe Stelle beworben haben. Deshalb kommt es, sofern ein Bewerber vorab ausgenommen und damit vorzeitig aus dem Bewerbungsverfahren ausgeschlossen wurde, nicht zwangsläufig und ausschließlich auf den Vergleich mit dem letztlich eingestellten Kandidaten an.

Bei einem Verstoß gegen das Verbot der Benachteiligung ist der Arbeitgeber verpflichtet, den hierdurch entstandenen Schaden zu ersetzen, § 15 Abs. 1 Satz 1 AGG. Die Entschädigung darf bei einer Nichteinstellung drei Monatsgehälter nicht übersteigen, wenn der oder die Bewerberin auch bei benachteiligungsfreier Auswahl nicht eingestellt worden wäre. Für den Rechtsschutz bei Diskriminierungen sieht § 22 AGG eine Erleichterung der Darlegungslast, eine Absenkung des Beweismaßes und eine Umkehr der Beweislast vor.

Diese Beweislastumkehr stellte das Bundesarbeitsgericht (BAG) in einem entsprechenden Urteil (8 AZR 421/14) noch einmal deutlich heraus: Ein Hersteller von Designerschmuck hatte in dem zu entscheidenden Fall von einer Zeitarbeitsfirma eine transsexuelle Bewerberin vermittelt bekommen, die er nach dem Vorstellungsgespräch ablehnte. Der zuständige Mitarbeiter des Unternehmens, der Logistikleiter, hatte die Klägerin zunächst nicht als die zum Termin geladene Bewerberin wahrgenommen, sondern war auf der Suche nach einer Frau. Die Bewerberin verlangte nach erfolgter Absage eine Entschädigung nach § 15 Abs. 2 AGG wegen Benachteiligung aufgrund des Geschlechts. Zu Recht, entschied das Bundesarbeitsgericht (BAG).

Das BAG stellte klar, dass die abgelehnte Bewerberin den Grund für ihre Ablehnung, also die Motivation des Arbeitgebers, nicht beweisen muss. Die Bewerberin muss nur Indizien vortragen, die mit überwiegender Wahrscheinlichkeit darauf schließen lassen, dass sie als transsexueller Mensch wahrgenommen und deshalb benachteiligt worden ist. Im Verfahren wurde auch die Frage beantwortet, ob Transsexualität im Allgemeinen Gleichbehandlungsgesetz (AGG) dem Merkmal „Geschlecht" oder dem Merkmal „sexuelle Identität" zugeordnet werden muss.

Das BAG führte dazu aus, dass gemäß der Gesetzesbegründung unter den Begriff „sexuelle Identität" homosexuelle Männer und Frauen ebenso wie bisexuelle, transsexuelle oder zwischengeschlechtliche Menschen fallen. Nach einer entsprechenden Richtlinie der Europäischen Union fällt Transsexualität aber unter den Begriff „Geschlecht". In unionsrechtskonformer Auslegung des § 1 AGG wird die Transsexualität demnach sowohl vom Grund „Geschlecht" als auch vom Grund „sexuelle Identität" umfasst, stellte das BAG klar. Das erleichtert zukünftige Klagebegründungen erheblich.

Vorstrafen und das Recht auf Schweigen

Es gibt in Bewerbungsgesprächen so einige Fragen, die es in sich haben. Doch es muss auch nicht alles beantwortet werden. Schon gar nicht, wenn die Frage unzulässig ist. Manchmal wird es dabei aber zur echten Gratwanderung, zwischen der Unzulässigkeit eines Auskunftsverlangens oder dessen lediglich unbequemen Inhalts zu unterscheiden. Unangenehm sind so beispielsweise auch Fragen nach strafbewährten Auffälligkeiten, die eine Registrierung der Verantwortlichkeit nach sich gezogen haben. Bewerber müssen von sich aus zwar nicht auf Vorstrafen hinweisen, allerdings darf der Arbeitgeber in Einzelfällen danach fragen. Dabei ist er aber lediglich berechtigt, sich nach solchen Vorstrafen zu erkundigen, die auch im polizeilichen Führungszeugnis auftauchen. Viele Arbeitgeber verlangen aus diesem Grund sogar ein Führungszeugnis neueren Datums.

Das Bundesamt für Justiz führt in der gesamten Bundesrepublik das sogenannte Bundeszentralregister. In diesem Register werden ausnahmslos alle Verurteilungen einer Person gespeichert. Aus dem Bundeszentralregister kann jeder einen Auszug zu seiner Person verlangen. Dieser

Auszug nennt sich Führungszeugnis. Bei der Bewerbung in bestimmten Berufsgruppen ist seine Vorlage verpflichtend. Das Führungszeugnis ist mit den Eintragungen im Zentralregister aber nicht deckungsgleich. Es enthält weitaus weniger Informationen. Hier werden ausschließlich Geldstrafen (Urteil oder Strafbefehl) von mehr als insgesamt 90 Tagessätzen und Freiheitsstrafen (Vorstrafen) von mehr als 3 Monaten aufgenommen. Werden diese Grenzen nicht erreicht, so enthält das Führungszeugnis die Bemerkung „keine Eintragung" und die Person gilt damit als nicht vorbestraft.

Im Bundeszentralregister hingehen sind auch Strafen registriert, die unterhalb der Grenzen liegen. Das allerdings sind nach der Logik des Strafrechts auch keine Vorstrafen. Sie brauchen das Licht der Öffentlichkeit nie mehr erreichen. Es sei denn, derlei Auffälligkeiten häufen sich und gewinnen im strafrechtlichen Sinne an Relevanz.

Arbeitgeber aber dürfen ihre Bewerber nicht uneingeschränkt nach etwaigen Vorstrafen befragen. Denn diese berühren so pauschal ein einzugehendes Arbeitsverhältnis grundsätzlich nicht. Ein Arbeitgeber kann nicht beanspruchen, in jedem Fall nur Arbeitnehmer ohne Vorstrafen in ein Arbeitsverhältnis aufzunehmen. Dies gilt vor allem deshalb, da zu Gunsten auch jedes Arbeitnehmers der Resozialisierungsgedanke zu berücksichtigen ist.

In besonders gelagerten Fällen können allerdings verübte Straftaten negative Rückschlüsse auf die Zuverlässigkeit im Job zulassen. Dabei muss es aber einen unmittelbaren Zusammenhang zwischen der Vorstrafe und den Aufgaben am Arbeitsplatz geben. So darf eine Bank als Arbeitgeber durchaus nach Vermögensdelikten fragen. Ein Bewerber für eine Stelle als LKW-Fahrer muss sich hingegen Fragen zu Straßenverkehrsdelikten gefallen lassen. Hier sind aber immer das Informationsbedürfnis des Arbeitgebers und die Interessen des Bewerbers auf informationelle Selbstbestimmung und Resozialisierung gegeneinander abzuwägen Wer sich im Bewerbungsgespräch diesbezüglich in die Enge getrieben fühlt und auf unzulässige Fragen hin lügt, dem darf deswegen später nicht gekündigt werden.

Das Recht zur Lüge ist dabei ein Korrektiv für einen unzulässigen Eingriff in Persönlichkeitsrechte. Ein derlei verbrieftes Recht kann keine Sanktionen nach sich ziehen. Der Grundsatz, dass niemand gezwungen werden darf, sich selbst zu belasten, gehört zu den anerkannten Prinzipien des Rechtsstaats. Dieser Grundsatz, nemo tenetur se ipsum accusare, entstammt dem Römischen Recht und ist bis heute eines der wesentlichen Fundamente unseres Rechtsverständnisses.

3. Ausbildung

Verbundausbildung als Chance

Immer wieder wird vor allem darüber lamentiert, dass zu viele Ausbildungsplätze unbesetzt bleiben. Gleichzeitig weigern sich aber vor allem kleinere Unternehmen schon lange vehement, den Aufwand der Ausbildung eigenen Nachwuchses auf sich zu nehmen. Kaum jemand hat zur Gesamtproblematik aber bisher schnelle Lösungsvorschläge thematisiert und auch ernsthaft umzusetzen versucht. Dabei gibt es einen praktikablen Weg bereits seit Jahrhunderten, der sich seit langem auch als legitime Möglichkeit der Ausbildungsgestaltung wiederfindet. Nur bekannt ist das Thema der Verbundausbildung immer noch viel zu wenig, dabei hat das Ganze eine lange Tradition.

Drei Viertel aller Betriebe in der Bundesrepublik stellen keine Auszubildenden ein, weil sie entweder ohne Ausbildereignung nicht ausbilden dürfen, weil sie über keinerlei Erfahrung verfügen oder weil sie den damit verbundenen Aufwand scheuen.
Doch das zeugt lediglich von weitgehender Unkenntnis über die Möglichkeiten, die bis hin zur sinnvollen Kooperation reichen. Die Verbundausbildung basiert auf der simplen Idee betrieblicher Partnerschaften, bei der man sich Lehrlingsausbildung ganz einfach teilt.

Bis zu Beginn des 19. Jahrhunderts war es für zünftige Gesellen Pflicht, nach Abschluss der Lehrjahre auf Wanderschaft zu gehen. Nur so hatte man hiernach Zugang zu den Meisterehren. Drei Jahre und ein Tag, so lange dauerte die Wanderschaft, die sogenannte Walz. Auf der Walz arbeiteten die Gesellen außerhalb ihres ursprünglichen Lehrbetriebs, erlernten neue Techniken, erwarben neue Fähigkeiten und Kenntnisse. Dabei sammelten sie natürlich auch Lebenserfahrung. Bis heute wird diese Tradition noch von einigen Handwerksgesellen gepflegt.

Der Grundgedanke ist auch bei der Verbundausbildung der gleiche: Wer an unterschiedlichen Orten lernt, erweitert seinen Horizont und hat die Chance, außerhalb des eigenen Lehrbetriebes mehr über seinen Beruf zu erfahren. Die Betriebe teilen sich damit die Kosten der Ausbildung, partizipieren aber gleichzeitig auch an der Mitarbeit der Lehrlinge und an deren Erfahrungszuwachs. Im Berufsbildungsgesetz (BBiG) war diese Möglichkeit bereits seit 1967 für die schulischen Ausbildungsberufe verankert und viele Betriebe sind seitdem sehr erfolgreiche Ausbildungspartnerschaften eingegangen. Dennoch galt das Ganze früher eher als Notlösung.

Seit 2005 ist der Begriff der Verbundausbildung im Berufsbildungsgesetz ausdrücklich als legitime Ausbildungsform für alle Berufe benannt. Wörtlich heißt es in § 10 Absatz 5 BBiG: „Zur Erfüllung der vertraglichen Verpflichtungen der Ausbildenden können mehrere natürliche oder juristische Personen in einem Ausbildungsverbund zusammenwirken, soweit die Verantwortlichkeit für die einzelnen Ausbildungsabschnitte sowie für die Ausbildungszeit insgesamt sichergestellt ist (Verbundausbildung)."
So richtig publik geworden scheint diese Möglichkeit bis heute nicht zu sein.
Hoch spezialisierte Unternehmen und viele Handwerker könnten mit diesem Weg ihren dringend benötigten Nachwuchs sichern, ohne in Formalitäten zu ertrinken oder finanziell überfordert zu sein. Für viele Jugendliche würde sich damit eine zusätzliche Chance bieten, dennoch einen

Ausbildungsplatz zu ergattern und nicht in Endlosprogrammen der Arbeitsagentur die Lust am Erwerbsleben zu verlieren.

Praktikum ist keine Probezeit

Keine Berufsausbildung ohne Probezeit. So sieht es das Gesetz vor. Daran ändert sich auch nichts, wenn der Auszubildende schon vorher im Betrieb tätig war, etwa in einem Praktikum. Dies hat so auch das Bundesarbeitsgericht entschieden (BAG, AZ: 6 AZR 844/14).

Der klagende Azubi bewarb sich im Frühjahr 2013 bei der nunmehr beklagten Arbeitgeberin um eine Ausbildung zum Kaufmann im Einzelhandel. Die Arbeitgeberin versprach ihm die Aufnahme der Ausbildung zum 01.08.2013. Zur Überbrückung schlossen die Parteien einen Vertrag zum Praktikum mit einer Laufzeit bis zum 31.07.2013, der eine Probezeit von zwei Monaten vorsah. Gesondert schlossen sie den Berufsausbildungsvertrag. Die Ausbildung begann wie vereinbart mit einer Probezeit von drei Monaten. Kurz vor Ende der Probezeit kündigte die Arbeitgeberin das Ausbildungsverhältnis schriftlich am 29.10.2013. Der Betriebsrat hatte zugestimmt. Der entlassene Auszubildende erhob Kündigungsschutzklage. Vor Gericht machte er geltend, die Kündigung sei unwirksam, da das vorausgegangene Praktikum auf die Probezeit anzurechnen sei. Bereits in dieser Zeit hätte sich die Arbeitgeberin ein vollständiges Bild über ihn machen können, was ja Sinn und Zweck der Probezeit sei.

Das sahen die Arbeitsgerichte in allen Instanzen anders.

Nach § 22 Abs.1 Berufsbildungs-Gesetz (BBiG) können beide Seiten das Ausbildungsverhältnis während der Probezeit ohne Einhalten einer Kündigungsfrist beenden. Dies hat der Arbeitgeber im vorliegenden Fall getan. Die Probezeit war zum Kündigungszeitpunkt am 29.10.2013 auch noch nicht abgelaufen. Denn in § 20 Satz 1 BBiG wird zwingend vorgeschrieben, dass ein Berufsausbildungsverhältnis immer mit einer Probezeit beginnt. Diese Probezeit soll beiden Vertragspartnern ausreichend Gelegenheit geben, die wesentlichen Umstände des Ausbildungsverhältnisses eingehend zu prüfen. Das gilt für den Auszubildenden ebenso wie für den Betrieb, der die Ausbildung durchführt.

Diese gegenseitige Prüfung, so urteilte abschließend das Bundesarbeitsgericht, sei nur unter den Bedingungen des Berufsausbildungsverhältnisses mit seinen spezifischen Pflichten möglich. Die Dauer eines vorausgegangenen Praktikums sei deshalb nicht auf die Probezeit in einem folgenden Berufsausbildungsverhältnis anzurechnen. Auf den Inhalt und die Zielsetzung des Praktikums komme es nicht an. Dasselbe würde auch dann gelten, wenn es sich um eine vorangegangene Festanstellung gehandelt hätte.

Praktika sind beliebt, bei Arbeitgebern und bei den Praktikanten selbst. Dabei gibt es unterschiedliche Motivationen, eine solche betriebliche Arbeitsphase aufzunehmen. Verpflichtend sind Praktika beispielsweise bei diversen Ausbildungs- und Studienrichtungen, um das theoretische Wissen zeitnah mit praktischer Erfahrung zu unterlegen. Darüber hinaus gibt es natürlich das große Feld der freiwilligen Praktika, wo die tätige Vertiefung nicht Prüfungsvoraussetzung ist. Schlussendlich gewinnt auch der Bereich der Schülerpraktika zunehmend an Bedeutung, die in erster Linie der Berufsorientierung dienen sollen.

Praktikanten befinden sich weder in einem Arbeitsverhältnis noch im Rahmen einer Ausbildung. Dennoch gibt es Regeln zum Praktikum, die von beiden Seiten Beachtung finden müssen. Das Berufsbildungsgesetz und auch das Mindeslohngesetz geben in § 26 BBiG bzw. § 21 MiLoG eine erste Orientierung zur Einordnung. Daneben finden selbstverständlich die Arbeitsschutzgesetze, das Jugendschutzgesetz und die Regeln der Sozialversicherung Anwendung. Die vertragliche Fixierung aller Rechte und Pflichten sollte grundsätzlich in einem schriftlichen Vertrag erfolgen. Das vereinfacht die Durchsetzung berechtigter Interessen bei eventuellen Differenzen.

Die Vereinbarung einer Probezeit ist auch für Praktikanten möglich, analog der Regelungen für Ausbildungsverträge. Innerhalb der Probezeit kann das Praktikum beidseitig ohne Einhaltung einer Frist ordentlich gekündigt werden, danach nur noch seitens des Praktikanten mit einer Frist von 4 Wochen. Der Arbeitgeber ist immer verpflichtet, ein Zeugnis zu den Inhalten und Leistungen des Praktikums zu erstellen.

Jeder Auszubildende in Deutschland erhält monatlich eine von vornherein geregelte Vergütung. Hingegen ist die Bezahlung im Praktikum nicht grundsätzlich verpflichtend. Die Vergütung orientiert sich an der Dauer des Praktikums, am Alter der Praktikanten und auch am Mindestlohngesetz. Soweit das Alter von 18 Jahren erreicht ist und das Praktikum länger als 3 Monate dauert, besteht die gesetzliche Verpflichtung zur Bezahlung mit dem Mindestlohn als untere Brutto-Verdienst-Grenze. Handelt es sich allerdings um ein Pflichtpraktikum, dann muss auch keine Bezahlung erfolgen. Minderjährige Praktikanten ohne abgeschlossene Berufsausbildung haben ebenfalls keinen Anspruch auf den Mindestlohn, da sie gesetzlich nicht als Arbeitnehmer einzustufen sind.

Manche Arbeitgeber bezahlen aber freiwillig die Dauer des Praktikums, was sie vor allem für Schüler in der Phase der Berufsorientierung interessant macht. Imagepflege im Sinne auskömmlicher Fachkräftegewinnung sozusagen - eine Investition in die Zukunft.

Irrwege in der Ausbildung sind vermeidbar

Die Zahl der jungen Menschen, die ihre Ausbildung abbrechen, wird regelmäßig in den Medien thematisiert. Ganz erschrocken stellt man dann wiederholt fest, dass im Durchschnitt jeder vierte Azubi vorzeitig hinschmeißt. Dabei ist die Tendenz schon seit Jahren erkennbar. Und das, obwohl die Ausbildungschancen in vielen Bundesländern besser sind als je zuvor. Vielerorts übersteigt die Zahl freier Ausbildungsstellen die der möglichen Bewerber deutlich. Viele "Kenner" der Thematik haben dann auch sogleich die Gründe für das Abbrecher-Problem parat: zu wenig Geld, zu viele Überstunden, weitgehender Missbrauch als billige Arbeitskraft.
Ohne Zweifel, diese Argumente sind nicht von der Hand zu weisen. Allerdings sind sie auch nicht neu. So mancher erinnert sich wohl noch an den Vergleich von Lehr- und Herrenjahren. Der eigentliche Ansatz zur langfristigen Lösung des Problems dürfte indes an anderer Stelle zu suchen sein.

Mach ein Studium, dann hast du Erfolg. Diesen Schwachsinn bekommen junge Menschen seit langem eingeimpft. Unterfüttert wird die Argumentation mit den vorgeblich besseren Arbeitsmarktchancen von Akademikern und dem angeblich deutlich höheren Verdienst. Schaut man sich die Sache aber genauer an, so lässt sich relativ zügig die Oberflächlichkeit dieser Behauptungen erkennen.
Mehr noch: Für viele der inzwischen knapp 3 Millionen Studenten wird das Studium zur Sackgasse. Akademiker arbeiten, trotz Studienabschluss, immer häufiger in Berufen, für die gar kein Studium notwendig wäre. Auf der anderen Seite verdienen Hochschulabsolventen nach Beendigung des Studiums nicht zwangsläufig mehr als ein Berufsanfänger nach der Ausbildung.

Der Umkehrschluss aus diesem Vergleich ist es aber, der aufhorchen lassen muss. In zunehmendem Maße fehlen damit geeignete Bewerber für das System der dualen Berufsausbildung. Viele Handwerker finden schon heute keine geeigneten oder gewillten Bewerber. Sie verlassen das System Ausbildung und kehren mit ihren Betrieben auch nicht wieder zurück. Damit dürfte sich die Fachkräfte-Mangel-Situation immer weiter zuspitzen. Für den industriellen Erfolg Deutschlands ist deren Arbeit aber von existenzieller Bedeutung. Mit einem deutlichen Akademiker-Überschuss und ohne ausreichend gewerbliche Ausbildung, werden wir über kurz oder lang erhebliche Wohlstandsprobleme bekommen.

Sinnvoll wird es deshalb sein, die Möglichkeiten der dualen Ausbildung früher, umfänglicher und anschaulicher zu vermitteln. Viel zu kurz kam bisher die komplexe Darstellung dessen, was sich auf einem klassischen Weg der Berufsausbildung alles erreichen lässt. Natürlich lassen sich auch hier Wege zum Studium bahnen, allerdings mit vorheriger Ausbildung und mit Praxiserfahrung unterlegt. Aber auch der Meisterabschluss muss wieder deutlich mehr Gewicht bei der Darstellung möglicher Berufskarrieren gewinnen.

Ein erster Schritt der Aufwertung wurde getan, indem man den Abschluss als Meister oder Techniker dem Bachelor-Abschluss gleichgestellt hat. Meisterbriefe enthalten seither den Hinweis, dass der Abschluss im Deutschen und Europäischen Qualifikationsrahmen (DQR/EQR) dem Niveau 6 entspricht. Dieser Stufe ist auch der Bachelor zugeordnet. Bei dieser Gleichstellung wird der Wert beruflicher Erfahrung ganz deutlich: Meister und Techniker können sich zwar damit nicht Bachelor nennen, aber sie können Funktionen übernehmen, wo dieser Abschluss gefordert wird. Auf der anderen Seite ist der Bachelor-Absolvent noch lange kein Meister oder Techniker. Er müsste die Ausbildung erst komplett absolvieren. Die Wertstellung beruflichen Könnens ist also eindeutig.

Damit wird es Zeit, der jungen Generation endlich alle Möglichkeiten beruflicher Zukunft zu empfehlen, die Anforderungen und Inhalte frühzeitig zu thematisieren und auch die Konditionen nicht zu verschweigen. So lassen sich Irrwege in der Ausbildung oft vermeiden.
Eingehend zur Thematik im **Teil II** des Buches.

Rechte und Pflichten in der Ausbildung

Lehrjahre sind keine Herrenjahre. Die alte Metapher hat sicher schon viele Generationen begleitet und seinen Sinngehalt auch mehr oder weniger spürbar werden lassen. Nun leben und arbeiten wir inzwischen im 21. Jahrhundert. Die Regeln der Arbeit sind also deutlich andere als noch vor hundert Jahren, die der Ausbildung natürlich auch. Dass die Zeit der Ausbildung auch anders als der bisher eingeübte Schulbetrieb funktioniert, das wird wohl jedem relativ schnell klar werden. Vor allem der betriebliche Teil der Lehre legt komplett andere Maßstäbe an. Verbindliche Regeln bestimmen nun den Alltag.

So verbietet das Berufsbildungs-Gesetz grundsätzlich alle Tätigkeiten, die nicht dem Ausbildungszweck dienen. Dazu gehören beispielsweise dauernde Putzarbeiten, Botengänge oder Akkordtätigkeiten. Dass dies in der Praxis oft noch ganz anders gesehen wird, muss dann auch immer wieder vor Gericht behandelt und korrigiert werden. In einem vor dem Arbeitsgericht Bonn verhandelten Fall hatte ein Arbeitgeber zwar einen Ausbildungsvertrag mit seinem Azubi abgeschlossen, diesen aber weder bei der Innung noch in der Berufsschule angemeldet. Statt der Aufstellung eines pflichtgemäßen Ausbildungsplanes, wurde dieser nur kurz in die zu verrichtenden Arbeiten des Betriebes eingewiesen und fortan mit diesen beauftragt. Die Ausbildung selbst fand zu keinem Zeitpunkt statt. Irgendwann haderte auch der vermeintliche Azubi mit dieser Situation. Dabei störte ihn nicht die Arbeit, die hatte er sich ja zum Berufsziel auserwählt, ihn störte die Vergütung. Diese nämlich war das Einzige was an eine Ausbildung erinnerte. Er aber wollte inzwischen den Tariflohn einer Hilfskraft bezahlt bekommen, denn als eine solche war er ausschließlich tätig. Das Gericht folgte seinem Ansinnen (ArbG Bonn, AZ: 1 Ca 308/21).

Wie viel Auszubildende arbeiten müssen oder dürfen, das regelt bei Minderjährigen das Jugendarbeitsschutzgesetz, bei Volljährigen das Arbeitszeitgesetz. Für erwachsene Azubis ist grundsätzlich nach acht Stunden täglich bzw. 48 Stunden wöchentlich Schluss. Dementsprechend ist eine Sechs-Tage-Arbeitswoche, also auch Samstagsarbeit erlaubt. Ausnahmsweise sind zehn Stunden täglich möglich, wenn das über sechs Monate nicht zu mehr als durchschnittlich acht Stunden pro Tag führt. Pausen müssen festgelegt sein und sind spätestens nach sechs Stunden zu nehmen. Die Pausenlänge beträgt dann mindestens eine halbe Stunde, aber nicht weniger als 15 Minuten am Stück. Ab neun Stunden Arbeit summiert sich die Pausenzeit auf mindestens 45 Minuten. Wer in Schichten arbeitet, muss zwischen zwei Schichten mindestens elf Stunden pausieren. Das gilt insbesondere auch beim Aufeinandertreffen von Spät- und Frühschicht. Wer sonntags oder feiertags arbeiten muss, hat das Recht auf einen freien Ersatztag.

Für noch nicht volljährige Azubis sind die Arbeitszeitgrenzen etwas enger gesetzt. Die tägliche Höchstarbeitszeit ist auf 8 Stunden bzw. maximal 8,5 Stunden begrenzt. In der Woche sind aber nur maximal 40 Stunden zulässig. Am Samstag und Sonntag muss die Arbeit grundsätzlich ruhen. Für gelegentliche Ausnahmen muss es in der gleichen Woche einen freien Ersatztag geben. Auch zwischen 20 Uhr und 6 Uhr ist das Arbeiten nur ausnahmsweise erlaubt. Eine Pause von einer halben Stunde ist hier schon nach spätestens viereinhalb Stunden vorgeschrieben, bei über sechs Stunden täglicher Arbeitszeit ist mindestens eine Stunde Pause zu gewähren.

Unabhängig vom Alter ist jeder Azubi während der Berufsschulzeit und der Prüfungszeit von der Arbeit freizustellen.

Wer jünger als 18 Jahre ist, der muss nach dem Unterricht auch nicht die verbleibenden Stunden im Betrieb arbeiten. Ebenso sind Eintragungen ins Berichtsheft durch Freistellungszeiten zu ermöglichen. Auszubildende müssen auch keine Überstunden leisten. Lediglich in absoluten Notfällen darf hiervon abgewichen werden.

Beim Urlaubsanspruch in der Ausbildung wird wiederum nach dem Alter gestaffelt: So erhält mindestens 30 Werktage Urlaub, wer zu Beginn des Kalenderjahres noch keine 16 Jahre alt ist, mindestens 27 Werktage, wenn man zu Beginn des Kalenderjahres noch keine 17 Jahre alt ist und mindestens 25 Werktage, wenn man zu Beginn des Kalenderjahres noch keine 18 Jahre alt ist. Danach gilt das Bundesurlaubsgesetz, das mindestens 24 Urlaubstage bei einer Sechs-Tage-Woche bzw. 20 freie Tage bei einer Fünf-Tage-Woche vorsieht

Die Vergütung für Azubis ist nicht gerade üppig, trotz neuer gesetzlicher Regelungen zum Mindestentgelt in der Ausbildung. Aber auch die Freistellungszeiten müssen bezahlt werden und die Ausbildungsvergütung muss gemäß § 17 Berufsbildungsgesetz jährlich steigen. Das Geld für den laufenden Kalendermonat ist spätestens am letzten Arbeitstag des Monats zu zahlen.

Schlussendlich geht mit dem Ausbildungsverhältnis auch die Einbindung in die Sozialversicherung einher, was im Krankheitsfall die Fortzahlung der Ausbildungsvergütung zur Folge hat.

Clever: Wie man die Ausbildungszeit abkürzt

Zeit ist wertvoll, auch in der Ausbildung. Doch die Ausbildungsdauer für die einzelnen Berufe ist in der jeweiligen Rechtsverordnung festgeschrieben. Sie kann, je nach gewähltem Beruf, zwei, drei oder gar dreieinhalb Jahre betragen. Für so manchen Azubi ist das deutlich zu lange. Dabei orientiert sich die Regeldauer der Ausbildung am sogenannten Durchschnittslehrling, der letzten Endes die Prüfung auch erfolgreich bestehen soll. So mancher bringt aber erheblich mehr Kenntnisse zum Lehrbeginn mit als vom Durchschnitt erwartet wird. Dann ist entweder viel Langeweile angesagt oder es wird Initiative ergriffen, die Ausbildungszeit einfach abzukürzen. Schließlich geht es um wertvolle Lebenszeit.
Es gibt nach den Regelungen des Berufsbildungsgesetzes (BBiG) nämlich mehrere Möglichkeiten, um auch deutlich schneller ans Ausbildungsziel zu gelangen. Wer sich damit rechtzeitig vertraut macht, kann viel Zeit gewinnen und seine berufliche Laufbahn auch schneller fortsetzen.

So kann eine berufliche Vorbildung auf die Ausbildungszeit angerechnet werden. Wer also bereits einmal eine Ausbildung in einem ähnlichen Beruf begonnen und hiernach wieder abgebrochen hat, kann sich diese Zeit als bereits absolvierte Ausbildungszeit bei der neuen Ausbildung anrechnen lassen. Das kann mit dem Nebeneffekt verbunden sein, gleich im zweiten Lehrjahr zu beginnen und damit auch die entsprechende Vergütung zu erhalten. Da es hier vor allem um das erste Ausbildungsjahr, also die Grundausbildung geht, sollte der dann verschmähte Beruf aber auch im Wesentlichen mit der Grundausbildung des neuen Ausbildungsberufes übereinstimmen.

Eine einschlägige berufliche Grundbildung oder gar Arbeitserfahrung im angestrebten Beruf können ebenso angemessen berücksichtigt werden wie das Lebensalter. So haben Azubis, die älter als 21 Jahre sind, Anspruch auf Abkürzung um bis zu 12 Monate.

Wer hingegen einen qualifizierten Schulabschluss besitzt, der kann seine Ausbildungszeit auf dieser Grundlage verkürzen. So ermöglicht die Fachoberschulreife eine Kürzung um 6 Monate, die Fachhochschulreife und das Abitur bringen sogar Aussicht auf Verkürzung um 12 Monate. Der Anspruch auf entsprechend höhere Ausbildungsvergütung besteht bei diesen Varianten allerdings nicht.

Mehrere Möglichkeiten der Abkürzung können aber nebeneinander berücksichtigt werden. Allerdings bedarf es grundsätzlich eines entsprechend begründeten Antrages, um in den Genuss derselben zu gelangen.

Eine weitere Möglichkeit, die Ausbildungszeit zu verkürzen, ist eine vorzeitige Zulassung zur Abschlussprüfung. Diese wird nicht beantragt, sie wird gestattet und zwar bei überdurchschnittlich guten Leistungen oder bei bereits erworbener Berufspraxis.

Natürlich können auch mehrere Kürzungs-Gründe zusammentreffen. Doch darf die Mindestausbildungszeit in keinem Fall unterschritten werden. Diese beträgt bei einer dreieinhalbjährigen Regelausbildungszeit immerhin noch zwei Jahre. Der Antrag auf Verkürzung kann sogar, bei berechtigtem Interesse, in eine Teilzeitausbildung münden. Um die Möglichkeiten zu nutzen, müssen Ausbilder und Azubi gemeinsam einen Antrag bei der zuständigen Kammer stellen. Das sollte am Anfang der Ausbildung, spätestens aber vor Beginn des zweiten Ausbildungsjahres geschehen.

Oft kompliziert: Wann endet die Ausbildungszeit?

Die Lehrzeit endet mit dem Erreichen des Ausbildungszieles. Was theoretisch völlig plausibel klingt, ist so einfach nicht und kann im Einzelfall durchaus Fragen aufwerfen. Nicht alle Antworten darauf findet man in der gesetzlichen Regelung für Ausbildungsverhältnisse, dem Berufsbildungsgesetz (BBiG). Es gibt Konstellationen, die sind erst durch einen Richterspruch entschieden worden. Relevanz hat das Thema allemal und das nicht nur für die Azubis. Deshalb hier ein kurzer Überblick zum Ende der Ausbildungszeit:

Über den zeitlichen Ablauf gibt der zugrundeliegende Ausbildungsvertrag Auskunft. Dieser muss immer schriftlich vorliegen. Bestehen Azubis vor Ablauf der dort fixierten Ausbildungszeit die Abschlussprüfung, so endet das Berufsausbildungsverhältnis bereits mit Bekanntgabe des Ergebnisses durch den Prüfungsausschuss. Doch das birgt bereits das erste Problem. Nämlich, wenn der Azubi trotz bestandener Prüfung einfach weiter in den Betrieb geht. Dann entsteht einvernehmlich ein unbefristetes Arbeitsverhältnis, sofern Ausbildungsbetrieb und Azubi nicht etwas anderes vereinbart haben. Der bisherige Azubi würde Beschäftigter des Betriebes mit allen Rechten und Pflichten. Das schließen viele Betriebe vertraglich aus, trotzdem ist Obacht geboten.
Eine gesetzliche Regelung fehlt aber für den umgekehrten Fall:

Die Vertragslaufzeit des Azubis ist beendet, die Abschlussprüfung steht aber noch aus. Für diesen Fall hat das Bundesarbeitsgericht entschieden, dass sich der Vertrag nicht automatisch bis zum Prüfungstermin verlängert. Das geschieht nur dann, wenn die Parteien eine Vereinbarung darüber getroffen haben (BAG-Urteil 9 AZR 494/06). Fehlt diese und der Auszubildende arbeitet weiterhin für den Betrieb, entsteht auch hier ein unbefristetes Arbeitsverhältnis. Zur Weiterbeschäftigung verpflichtet wäre der Betrieb allerdings nicht, da er seine vertraglichen Pflicht schon erfüllt hatte. Auch die Ausbildungsvergütung müsste nicht mehr gezahlt werden.

Bleiben noch die Fälle, wo die Prüfung zwar noch vor Vertragsende stattfindet, das Ergebnis aber erst nach Ende der vereinbarten Ausbildungszeit offiziell bekannt gegeben wird. Hierzu hat das Bundesarbeitsgericht entschieden, dass auf Verlangen des Azubis das Berufsausbildungsverhältnis bis zur Bekanntgabe der Ergebnisse verlängert werden muss. Es besteht schließlich die Möglichkeit, dass der Azubi die Prüfung nicht bestanden hat (BAG-Urteil 3 AZR 427/07). Damit würde diese Konstellation so behandelt wie eine erfolglose Prüfung.

Bestehen Auszubildende die Abschlussprüfung nicht, so verlängert sich das Berufsausbildungsverhältnis auf ihr Verlangen bis zur nächstmöglichen Wiederholungsprüfung. Das geschieht höchstens um ein Jahr und ist gesetzlich geregelt. Auch beim entschuldigten Fernbleiben von der Prüfung tritt nach Auffassung des Bundesarbeitsgerichts diese gesetzliche Verlängerung in Kraft, soweit der Azubi das ausdrücklich wünscht (BAG-Urteil 5 AZR 58/98). Falls er beschließt, keinen zweiten Versuch zu starten, endet die Ausbildungszeit zum vertraglich vereinbarten Zeitpunkt.

Natürlich kann neben diesen Grundsätzen jedes Ausbildungsverhältnis auch gekündigt werden, soweit die gesetzlichen Voraussetzungen gegeben sind.

Bei Kurzarbeit, die im Ausnahmefall auch Azubis treffen kann oder einer vorübergehenden Betriebsschließung, bleibt der Ausbildungsvertrag unverändert bestehen und die vereinbarte Ausbildungsvergütung muss weiter gezahlt werden. Kommt im Zuge einer Krise die dauerhafte Betriebsschließung in Betracht, dann aber gerät auch das Ausbildungsverhältnis in Gefahr. In diesem Fall ist die weitere Ausbildung unmöglich und würde durch eine betriebsbedingte Kündigung Ihr Ende finden.

Erfolgt allerdings ein Betriebsübergang im Sinne des § 613a BGB, wird also das Ausbildungsunternehmen von einem neuen Inhaber weitergeführt, dann geht das Ausbildungsverhältnis auf das neue Unternehmen über und rechtfertigt keine Kündigung. Die Ausbildungszeit läuft in diesen Fällen unverändert weiter.

Pünktlichkeit ist nicht nur eine Tugend

In Zeiten schier ausufernder Toleranz geraten auch Tugenden ins Abseits, die unser Selbstverständnis über Generationen geprägt haben. Da sie für ein funktionierendes Gemeinwesen unerlässlich sind, bedarf es auch zukünftig ihrer Ausprägung. Hierzu gehört ohne Zweifel die Pünktlichkeit.

"Pünktlichkeit ist eine Zier, doch weiter kommt man ohne ihr ..." spöttelt der Volksmund und liegt damit wohl mehr denn je richtig. War früher Pünktlichkeit noch ein Zeichen von Höflichkeit, so scheint dies heute nicht mehr zu gelten. Unpünktlichkeit wird immer öfter zum Standard in vielen Lebenslagen. Letztlich helfen einem auch moderne Kommunikationsmöglichkeiten, Termine kurzfristig zu verschieben oder ganz abzusagen. Die oft als typisch für die Deutschen gepriesene Tugend, scheint der Beliebigkeit unterfallen zu sein.

Aber wie ist das am Arbeitsplatz? Sind Verspätungen vom Arbeitgeber zu tolerieren? Bin ich trotz Verspätung auf der sicheren Seite, wenn Bahnstreiks oder aber widrige Witterungsbedingungen den Weg zur Arbeit schier unmöglich machen?

Grundsätzlich trägt der Arbeitnehmer das allgemeine Wegerisiko. Den Arbeitsplatz pünktlich zu erreichen, ist eine arbeitsvertragliche Grundpflicht. Absehbare Verkehrsbehinderungen müssen daher bei den Fahr- und Wegezeiten eingeplant werden, selbst wenn es sich um mehrere Stunden handelt. Die Vorabinformation über Witterungsverhältnisse und einzuplanende Wegezeit-Verzögerungen sind durchaus zumutbar. Kommt ein Mitarbeiter zu spät, weil öffentliche Verkehrsmittel wegen schlechter Witterung, Streik oder aufgrund von Betriebsstörungen ausgefallen sind, darf der Arbeitgeber den Lohn für die verspätete Zeit kürzen. Jedenfalls dann, wenn sie wegen der Art der zu erbringenden Arbeitsleistung nicht nachgeholt werden kann. Ohne Arbeit keinen Lohn! Damit sind die Regeln klar. Bei Arbeitsplätzen mit Gleitarbeitszeit müssen die Arbeitnehmer die versäumte Zeit nacharbeiten. Hier gibt es wegen der Art der zu erbringenden Arbeitsleistung zeitliche Toleranzbereiche.

Verspäten Sie sich witterungsbedingt mehrfach, darf Ihnen Ihr Arbeitgeber nicht einfach kündigen. Zu einer Abmahnung wegen Verstoßes gegen arbeitsvertragliche Pflichten ist er jedoch berechtigt. Bei unerwarteten Wetterereignissen sollte man als Arbeitnehmer den Arbeitgeber vorab über Hinderungsgründe bei der Pünktlichkeit informieren. Damit zeigt man einerseits Pflichtbewusstsein und Vertragstreue, andererseits gibt man dem Arbeitgeber die Möglichkeit, kurzfristig organisatorische Veränderungen vorzunehmen. In manchen Betrieben gibt es Sonderregelungen für kurzfristige Verspätungen über Tarifverträge oder Betriebsvereinbarungen.

Ein der Witterung geschuldeter Unfall auf dem Weg zur Arbeit stellt allerdings arbeitsrechtlich einen anderen Sachverhalt dar. Hier besteht die Vergütungspflicht des Arbeitgebers wie im gewöhnlichen Krankheitsfall fort. Notwendig bleibt dabei allerdings auch die Informationspflicht gegenüber dem Arbeitgeber. Diese Informationspflichten im Verhinderungsfall, wegen Krankheit, Unfall etc., sind ebenfalls arbeitsvertraglich geregelt. Auch hier kommt es wieder auf die Pünktlichkeit an, um arbeitsrechtlichen Konsequenzen aus dem Wege zu gehen.

Pünktlichkeit, auch am Arbeitsplatz, bleibt also wichtig. Sie ist ein Maßstab für Zuverlässigkeit und Ausdruck der Wertschätzung. Sie vermittelt dem Arbeitgeber ein untrügliches Gefühl dafür, welchen Stellenwert der Arbeitsplatz für den Einzelnen einnimmt. Wenn also mal wieder der Respekt des Arbeitgebers eingefordert wird, sei es bei Gehaltssteigerungen oder bei Karrierestufen, dann sollte man sich vorab fragen, wieviel davon zu leisten man selbst bereit ist. Das alte Sprichwort vom Ruf in den Wald und dem zurückhallenden Echo wird auch zukünftig eine Rolle spielen.

Sommerhitze, Dresscode und das Direktionsrecht

Sobald uns die Hitze im Griff hat, verliert so mancher schon mal seinen sonst gesunden Verstand und schwadroniert über kurze Hosen und Flip-Flops am Arbeitsplatz. Als ob derlei Entscheidungen allein im Benehmen des Einzelnen stünden. Schließlich haben die meisten Hitzegeplagten einen Chef. Dieser verfügt über das sogenannte Direktionsrecht und damit kann er oder auch sie alles regeln, bis hin zum Dresscode an heißen Arbeitstagen. Darüber zu diskutieren, das macht nur in besonderen Situationen Sinn.

Das deutsche Arbeitsrecht ist unübersichtlich geregelt und in vielen Fällen auch schwer zu handhaben. Seine Vorschriften finden sich in verschiedenen Gesetzen. Tarifverträge und Betriebsvereinbarungen verkomplizieren das Ganze noch mit diversen Sonderregelungen. Nicht von ungefähr gibt es jährlich zehntausende Konflikte aus dem Arbeitsleben, die von den Gerichten entschieden werden müssen. Nicht wenige davon betreffen das Direktionsrecht des Arbeitgebers.

Dieses Direktionsrecht, vielfach als Weisungsrecht bezeichnet, ist in § 106 der Gewerbeordnung (GewO) geregelt. Danach hat der Arbeitgeber das Recht, dem Arbeitnehmer Verhaltensanweisungen zu erteilen und ihn auch entsprechend der wechselnden betrieblichen Erfordernisse einzusetzen. Allerdings wird dieses Recht durch § 315 BGB beschränkt und schon ist es kompliziert.

Danach findet das Direktionsrecht dort seine Grenzen, wo arbeitsvertragliche Regelungen, höherrangiges Recht oder Beteiligungsrechte des Betriebsrats dem Gesagten entgegenstehen. Diese gesetzliche Einschränkung spricht vom billigen Ermessen, das der Arbeitgeber unter Beachtung der Umstände des Einzelfalles und unter Wahrung der Interessen des Arbeitnehmers zu berücksichtigen hat. Dazu gehören in erster Linie die einschlägigen Grundrechte, Arbeits- und Gesundheitsschutz, Behinderungen und andere persönliche Besonderheiten.

Der Arbeitnehmer muss die Weisungen seines Chefs also nur befolgen, solange diese Grenzen gewahrt bleiben. Werden sie überschritten, ist die Verweigerung der zugewiesenen Aufgaben und auch des sonstigen Verlangens zulässig. Eine Verpflichtung, gesetzwidrige oder sittenwidrige Aufträge auszuführen, gegen den Arbeitsschutz zu verstoßen oder gar Leib und Leben in Gefahr zu bringen, gibt es im Übrigen nie. Die wichtigsten Grenzen finden sich wohl, neben zwingend geltenden gesetzlichen Vorschriften, immer im Arbeitsvertrag. Zur Konkretisierung der Aufgaben und Verhaltensregeln benutzen viele Arbeitgeber heute zusätzlich Stellenbeschreibungen. Diese regeln diverse Details im jeweiligen Arbeitsverhältnis, um die dann später nicht mehr gestritten werden muss.

Dort ist auch oft das Outfit geregelt. So gibt es beispielsweise die Formulierung, dass vorgeschriebene Arbeitsschutz- oder Gesundheitsschutzkleidungen zwingend und vollständig während der Arbeitszeit zu tragen sind. Davon gibt es auch an heißen Tagen kein Hitzefrei. Bei Beschäftigten mit Kundenkontakt besteht generell die Verpflichtung, den Kleidungsvorschriften des Arbeitgebers Folge zu leisten. Dessen Interessen überwiegen hier eindeutig die der Arbeitnehmer. Aber auch dort, wo eindeutige Regelungen zum Dresscode fehlen, ist man nicht frei von jeglicher Rücksichtnahme.

Der Arbeitgeber ist nicht verpflichtet, den Dresscode zu lockern. Andere Maßnahmen, um auch an heißen Arbeitstagen die Arbeitszeit erträglich und nicht gesundheitsgefährdend zu gestalten, sind hingegen stärker als das Direktionsrecht. Deshalb ist das Gestatten legerer Kleidung oft gängige Übung, soweit diese weiterhin der branchenüblichen Zurückhaltung und auch dem Arbeitsschutz genügt.

Einigermaßen locker können das Thema ohnehin all jene sehen, die im Homeoffice arbeiten. Dort sollten dann aber spätestens bei Video-Meetings ein paar Regeln des Anstands gewahrt werden. Das Direktionsrecht des Arbeitgebers reicht übrigens auch bis dorthin.

Wann der Azubi für einen Schaden haftet

Wer einem anderen Schaden zufügt, der haftet im Allgemeinen dafür, dass dieser Schaden wieder ausgeglichen wird. Von dieser Regel muss es aber Ausnahmen geben, vor allem, wenn man im Auftrag anderer mit großen Werten hantiert. So etwa im Betrieb oder auf der Baustelle, wo Schäden für Personen oder Sachen schon mal passieren können. Bekanntlich fallen Späne beim Hobeln, wie uns eine alte Weisheit lehrt.

Viele würden sich schlichtweg weigern, teure Maschinen zu bedienen oder Menschen zu beaufsichtigen und zu pflegen, wenn sie jedes Risiko auch noch selbst tragen müssten. Deshalb ist ein Ersatz des Schadens hier auf die Fälle beschränkt, wo ganz bewusst der Schaden und das dazu führende Ereignis gewollt werden oder wenn jegliche Vorsichtsmaßnahmen außer acht gelassen werden. Juristen nennen das Vorsatz oder grobe Fahrlässigkeit.

Bei betrieblich veranlassten Tätigkeiten haftet also zuerst der Arbeitgeber, so ist die Regel. Dies gilt selbst dann, wenn der Schaden durch eine Unachtsamkeit des Arbeitnehmers zustande gekommen sind. Nur Vorsatz und grobe Fahrlässigkeit können die Haftung für den Verursacher des Schadens begründen.

Doch wie ist das, wenn der Azubi einen Schaden verursacht? Schließlich sind Auszubildende noch weitgehend unerfahren bei vielen Abläufen im Betrieb. Können sie deshalb einen Bonus für sich in Anspruch nehmen?

Bei betrieblich veranlassten Tätigkeiten gibt es tatsächlich noch weitere Haftungsbegrenzungen. So muss der Azubi nur für Schäden einstehen, die er bei Anwendung des schon Erlernten und unter Berücksichtigung der erworbenen Erfahrung und der Einsichtsfähigkeit in mögliche Gefahren vermeiden konnte. Den Ausbildungsbetrieb trifft eine gegenüber normalen Arbeitnehmern erhöhte Verpflichtung zur Einweisung und Beaufsichtigung.
Wie immer kommt es auf Details an, wenn dann etwas passiert. So spielt vor allem der Umstand eine Rolle, was bei einer zum Schaden führenden Handlung betrieblich veranlasst war.

Damit musste sich vor einiger Zeit auch das Bundesarbeitsgericht beschäftigen (BAG, AZ: 8 AZR 67/14). Im dort entschiedenen Fall hatte ein 19 Jahre alter Auszubildender seinem Kollegen, der sich mit seinen 17 Jahren ebenfalls in der Ausbildung befand, ein etwa 10g schweres Gewicht aus Metall zugeworfen. Dabei warnte er diesen nicht vor und stand zudem noch mit dem Rücken zu ihm. Der werfende Azubi hatte also keinerlei Gewissheit, ob der andere Azubi sich des nahenden Flugobjekts hätte erwehren können. Es kam natürlich so, wie es kommen musste: Der andere Azubi fing das Metallteil nicht, dafür traf es ihn am Kopf. Der Treffer geriet so unglücklich, dass es sein linkes Auge erwischte.

Diese Wurfaktion hinterließ einen bleibenden Schaden beim Verletzten: Es waren mehrere Operationen nötig, bis schließlich eine künstliche Linse eingesetzt werden musste und der junge Mann eine dauerhafte Einschränkung durch eine Narbe in der Hornhaut davontrug.
Das Gericht war bei seiner Urteilsfindung davon überzeugt, dass der unachtsame Wurf mit einem Gewicht aus Metall nicht betrieblich veranlasst war. Vielmehr geschah diese Aktion aus spielerischem Leichtsinn des hier verantwortlichen Azubis. Trotz seines noch jungen Alters hätte er sich auch den schwerwiegenden Folgen seines Handelns bewusst sein müssen. Deshalb verurteilte ihn das Gericht schlussendlich zu einem Schmerzensgeld in Höhe von 25.000 Euro.

Neben körperlichen Schäden, für die eine Haftung auf Schadensersatz begründet sein kann, gibt es noch das weite Feld der Vermögensschäden. Auch hier kann das Verhalten eines Azubis haftungsbegründend sein. So wie bei dem folgenden Fall, den auch das Bundesarbeitsgericht letztinstanzlich entscheiden musste (BAG, AZ: 10 AZR 439/05): Dort hatte ein Azubi während seiner Ausbildung zum Versicherungskaufmann 34 Versicherungsverträge zugunsten eines Konkurrenten seines Ausbildungsunternehmens vermittelt und auch die entsprechende Provision eingestrichen. Als der Ausbildungsbetrieb das merkte, kam es zum Streit. Gerichtlich wurde hiernach vom Azubi Ersatz für entgangene Abschluss- und Bestandsprovisionen gefordert. Zu Recht, wie das Bundesarbeitsgericht meint. Auch ein Azubi habe eine Treuepflicht gegenüber seinem Ausbildungsbetrieb und diese beinhaltet unter anderem, sich jeder Konkurrenztätigkeit zum Nachteil des Ausbildungsbetriebes zu enthalten. Anders als in herkömmlichen Schadensfällen, wo die Grundsätze zur Schadensteilung bei betrieblich veranlasster Tätigkeit zum Tragen kommen, finden diese bei Pflichtverstößen gegen das Wettbewerbsverbot keine Anwendung. Diese sind gerade nicht betrieblich veranlasst.

Einzig die Unerfahrenheit eines Azubis könne ein Mitverschulden des Ausbilders begründen, wenn dieser dessen Unerfahrenheit bei der Zuweisung von Tätigkeiten nicht ausreichend berücksichtigt habe. Für mangelnde Erfahrung war in diesem Fall allerdings kein Raum.

Auch Ausbildung schützt nicht vor Kündigung

Einen Ausbildungsplatz zu ergattern, ist keine Leichtigkeit mehr. Noch schwerer wird es regelmäßig, wenn nur der Traumberuf in Frage kommt. Hat es damit geklappt, so gilt es, sich auch den Regeln der Lehrzeit zu unterwerfen. Vielfach werden die Belastungen steigen, Aufgaben und Verantwortungen nehmen zu. Regelverstöße haben in der Arbeitswelt Konsequenzen, auch in der Ausbildungszeit. Zwar besitzt jeder Auszubildende im deutschen Arbeitsrecht besonderen Schutz, doch auch dieser kann nicht überstrapaziert werden. Eine Kündigung ist auch in der Ausbildung möglich.

Dabei ist die Kündigung während der Ausbildung im Berufsbildungs-Gesetz gesondert geregelt. Das Kündigungsschutz-Gesetz findet auf Ausbildungsverhältnisse noch keine Anwendung. In der Probezeit, die im Ausbildungsvertrag zwingend vereinbart wird, ist eine Trennung noch problemlos möglich. Beide Seiten können hier schriftlich und ohne Einhaltung einer Frist die Beendigung erklären, ohne dass es der Angabe eines Grundes bedarf. Die Probezeit darf aber nur zwischen ein und vier Monaten betragen, danach gelten veränderte Kündigungsregeln.

Während sich Auszubildende selbst dann nur noch in Fällen der Berufsaufgabe mit einer Kündigungsfrist von vier Wochen verabschieden können, ist dem Ausbildungsbetrieb die Möglichkeit einer fristgemäßen Kündigung völlig versagt. Er kann nur noch aus wichtigem Grund eine fristlose Kündigung aussprechen. Ein solcher ist immer dann gegeben, wenn dem kündigenden Arbeitgeber die Fortsetzung des Ausbildungsverhältnisses bis zum Ablauf der Ausbildungszeit, unter Berücksichtigung aller Umstände des Einzelfalls und unter Abwägung des Interesses beider Vertragsparteien, nicht länger zuzumuten ist.

So sind mehrmaliges unentschuldigtes Fehlen, wiederholtes Fernbleiben vom Berufsschulunterricht oder nicht genehmigte Nebentätigkeiten durchaus wichtige Gründe, die nach vorheriger Abmahnung für eine fristlose Kündigung in Frage kommen. Einer solchen Abmahnung bedarf es nicht, wenn der Vertrauensbereich nachhaltig gestört ist oder ein schweres Fehlverhalten wie Beleidigung, tätlicher Angriff oder Diebstahl in Rede steht. Dafür genügt auch ein begründeter Verdacht. Das hat ein Urteil des Bundesarbeitsgerichts klar und deutlich bestätigt (BAG 6 AZR 845/13). Der alte Rechtsgrundsatz aus dem Strafrecht, in dubio pro reo, kommt also nicht zwingend in Betracht.

Normalerweise darf für Azubis keine Kurzarbeit beantragt werden. Hier hat der Betrieb sämtliche Möglichkeiten zur Fortführung der Ausbildung auszuschöpfen. Das betrifft also auch die Arbeitsverhältnisse der Ausbilder. Allerdings ist, bedingt durch die Corona-Pandemie, hier einiges variabler ausgestaltet worden. Wenn also keine Kapazitäten mehr verfügbar sind, dann kann auch für Azubis die Kurzarbeit als Ausnahmefall angeordnet werden.

In diesem Fall haben sie dann für mindestens sechs Wochen Anspruch auf Zahlung der vollen Ausbildungsvergütung. Das regelt § 19 Absatz 1 Nr. 2 BBiG. Abweichend hiervon können Ausbildungs- und Tarifverträge längere Fristen vorsehen. Bei längerer Dauer der Kurzarbeit kann es dann aber doch finanziell schwierig werden. Sollte der Betrieb keine weitergehenden Zahlungen anbieten können, so bleibt der Gang zum Jobcenter dafür die letzte Alternative.
Kommt im Zuge der Krise eine dauerhafte Betriebsschließung in Betracht, dann gerät auch das Ausbildungsverhältnis in Gefahr. In diesem Fall ist die weitere Ausbildung unmöglich und würde durch eine betriebsbedingte Kündigung ihr Ende finden. Der Ausbildungsbetrieb ist allerdings verpflichtet, rechtzeitig mit dem Azubi nach Alternativen zu suchen.

Erfolgt allerdings ein Betriebsübergang im Sinne des § 613a BGB, wird also das Ausbildungsunternehmen von einem neuen Inhaber weitergeführt, dann geht das Ausbildungsverhältnis auf das neue Unternehmen über und rechtfertigt keine Kündigung.

Strategien, damit der Azubi später auch bleibt

Ausbildung ist teuer. Durchschnittlich kostet jeder Azubi seinen Ausbildungsbetrieb jährlich etwa 18.000 Euro. Zugleich erwirtschaftet jeder Lehrling im Schnitt rund 12.500 Euro. Nach dreijähriger Ausbildung hat der Betrieb also mehr als 15.000 Euro aufgewendet, um einen Gesellen oder eine Fachkraft hervorzubringen. Ein guter und vor allem auch ökonomisch sinnvoller Grund, diesen eingearbeiteten Nachwuchs längerfristig zu sichern. Doch wie kann das am besten gelingen, damit der Azubi auch tatsächlich später bleibt?

Dazu muss man sich mit den Regeln einer Übernahme vertraut machen, mit den Konsequenzen ebenso wie mit den vertraglichen Möglichkeiten. Einzelheiten hierzu finden sich im Berufsbildungsgesetz bzw. in der Handwerksordnung. So regelt § 21 BBiG beispielsweise, dass mit bestandener Prüfung die Ausbildungszeit automatisch endet. Verbleibt der Azubi hiernach im Betrieb, ohne dass darüber eine gesonderte Vereinbarung getroffen wurde, dann entsteht automatisch ein unbefristetes Arbeitsverhältnis mit allen Rechten und Pflichten (§ 24 BBiG). Als Betrieb einfach zu schweigen und untätig auf diese Variante zu hoffen, das ist weder konstruktiv noch vertrauenserweckend. Besser also, die Übernahme mit dem Azubi im Vorfeld sorgsam besprechen.

Dabei ist allerdings auch zu beachten, dass bei einem Vertragsabschluss mit dem bisherigen Azubi die Wartezeiten als erfüllt gelten. Das heißt, dass sofortiger Kündigungsschutz nach dem Kündigungsschutzgesetz besteht, soweit der Betrieb mindestens 10 Beschäftigte hat. Weiterhin bleibt dem bisherigen Azubi die bereits erworbene Fortzahlung im Krankheitsfall erhalten. Auch ein etwaig verbliebener Restanspruch an Urlaubstagen wird nahtlos mit in das Beschäftigungsverhältnis übernommen. Eine Abgeltung scheidet hier grundsätzlich aus.

Ausbildungs- und Beschäftigungsverhältnis sind nicht unbedingt deckungsgleich. Die Anforderungen unterscheiden sich fast immer deutlich. Das kann Konfliktpotenzial beinhalten, so dass ein gewisses Maß an Risikominimierung immer angebracht ist. Deshalb bietet sich auch die Vereinbarung einer Probezeit an, die derlei Unwägbarkeiten abfangen kann (§ 622 Absatz 3 BGB).

Daneben gibt es die Möglichkeit einer Befristung nach § 14 Absatz 1 TzBfG. Der sachliche Grund für die Befristung liegt in der Erleichterung des Übergangs von der Lehrzeit des Azubi in das Beschäftigungsverhältnis.

Eine in diesem Zusammenhang hilfreiche gesetzliche Regelung findet sich in § 12 Absatz 1 Satz 2 BBiG. Danach besteht die Möglichkeit, innerhalb der letzten sechs Monate der Ausbildung eine Verpflichtung mit dem Azubi zu vereinbaren, nach Beendigung der Lehre ein Arbeitsverhältnis einzugehen. Rechtlich zulässig wäre in diesem Kontext sogar, eine Vertragsstrafe für den Fall zu vereinbaren, dass die Stelle dann doch nicht angetreten wird.

Für Ausbildungsberufe im Handwerk gibt es zwar ein Spezialgesetz, die Handwerksordnung, dennoch gelten auch in diesen Ausbildungsverhältnissen die §§1 bis 3, 10 bis 26, 50 bis 52, 71 bis 75 und 81 bis 101 BBiG. Insofern sind die gestalterischen Möglichkeiten zur Übernahme identisch.

Wer im Laufe der Lehrzeit merkt, dass der Azubi eine gute Wahl war und gewinnbringend bzw. zukunftssichernd im Unternehmen weiterbeschäftigt werden sollte, der muss handeln. Es hat sich inzwischen zu einer fragwürdigen Gewohnheit entwickelt, Azubis kurz vor dem Ende der Lehrzeit abzuwerben. Eine Forderung aus dem Handwerk will zwar hier mit Ablösesummen drohen, aber die gesetzliche Umsetzung ist immer noch fraglich. Besser und vor allem fairer ist in jedem Fall, eine Verbundausbildung ins Auge zu fassen. Das spart Kosten und sichert den Nachwuchs für alle beteiligten Betriebe, auch für solche, denen die komplette Ausbildungszeit bisher zu teuer war.

Der Azubi-Mindestlohn ist eine Mogelpackung

Ohne Moos nichts los! Das hatten wohl nun auch mal Politiker begriffen, als sie nach langem Zögern 2020 einen Azubi-Mindestlohn im novellierten Berufsbildungsgesetz (BBiG) verbindlich verankerten. Doch wer als Azubi dachte, damit wird alles gut, der hatte sich auch diesmal geirrt. Das liegt vor allem im Geltungsbereich des Berufsbildungsgesetzes begründet.

Insofern hat sich gegenüber vergangener Jahre nicht viel geändert. Eine Azubi-Vergütung war dort schon bisher in § 17 BBiG festgeschrieben. Lediglich deren verbindliche Untergrenze wurde nunmehr festgesetzt. Doch auch davon können Ausnahmen zulässig sein, vor allem dann, wenn Tarifverträge eine andere, auch niedrigere, Vergütung für den Azubi beinhalten. Abweichungen nach unten sind weiterhin dann möglich, wenn der Ausbildungsbetrieb ansonsten wirtschaftlich überlastet wäre.
Um das System der Azubi-Vergütung insgesamt zu verstehen und echte Ansatzpunkte für wirkliche Reformen zu analysieren, muss man also etwas tiefer in die Materie eindringen.

Was kann der Azubi in seiner Lehrzeit überhaupt als Vergütung erwarten. Verdient er Lehrgeld oder Lehrlingsgeld?

Umgangssprachlich wird das Lehrgeld gern als Synonym für die ersten beruflichen Missgeschicke gebraucht. Dabei hatte der Begriff vor noch nicht all zu langer Zeit einen tatsächlich in Geld zu messenden Hintergrund. Bis zum Ende des Zweiten Weltkrieges war es durchaus üblich, für eine Ausbildung zu bezahlen. Diese Praxis entstammte dem Mittelalter, wo Lehrlinge sich dem Handwerksmeister verdingten. Um eine fachliche Ausbildung zu genießen und hiernach einen anerkannten Gesellenabschluss zu erlangen, musste für Unterkunft und Verpflegung während der Lehrzeit viel Geld aufgewendet werden. Das war für die Familien der Lehrlinge meist eine gewaltige Kraftanstrengung.

Heute ist das System komplett ins Gegenteil verkehrt.
Mit Einführung der dualen Berufsausbildung wurde die Zahlung einer Ausbildungsvergütung gesetzliche Pflicht.

Das sogenannte Lehrlingsgeld hat das Lehrgeld komplett abgelöst und ist überwiegend in Tarifverträgen festgeschrieben. Dort ist auch die Staffelung der Lehrlingsentgelte geregelt, denn die Ausbildungsvergütung muss mit den Ausbildungsjahren zwingend ansteigen.

Allerdings variiert die Höhe der Vergütung nach Branche und nach Bundesland teilweise erheblich, so dass sich Differenzen von vielen hundert Euro ergeben können. Dabei ist das Lehrlingsgeld aber kein Lohn und kein Gehalt. Es ist vielmehr eine Aufwandsvergütung für den Azubi, damit dieser seine Kosten tragen kann. Nicht allen gelingt das in Anbetracht der Höhe der Entgelte. Deshalb nunmehr die Einführung eines Azubi-Mindestlohns, der sich am BaföG orientiert.

Hinzu kommt, dass ab einer bestimmten Entgelthöhe pro Monat Sozialabgaben fällig sind, die der Ausbildungsbetrieb vor Auszahlung einbehält und abführt. Ebenso sind ab einem Schwellenwert Steuern fällig. Es macht also Sinn, sich schon als Azubi mit dem Thema Steuererklärung auseinanderzusetzen, um etwaige Mehrbelastungen geltend zu machen.

Doch nicht jeder Azubi erhält eine Ausbildungsvergütung. Ausbildungsberufe, die nicht dem dualen System zugehörig sind und damit auch nicht dem Geltungsbereich des Berufsbildungsgesetzes bzw. der Handwerksordnung unterfallen, gehen hier auch weiterhin meist leer aus. Vor allem trifft das Azubis in sozialen und pflegerischen Berufen. Sie müssen, soweit Eltern nicht für den Unterhalt einspringen können oder ein Nebenjob zu wenig einbringt, die staatlichen Möglichkeiten zur Unterstützung während der Lehrzeit in Anspruch nehmen. Hier kommen entweder die Berufsausbildungsbeihilfe (BAB) oder das BaföG in Betracht. Ein erheblicher Teil im System der Berufsausbildung, vor allem im sozialen und im pflegerischen Bereich, unterliegt also auch weiterhin keiner gesetzlichen Regelung zur Vergütung, geschweige denn der verbindlichen Anwendung eines Azubi-Mindestlohnes.

Hält man sich vor Augen, dass gerade diese Berufe förmlich nach Nachwuchs für zukünftige Sicherstellungen in diesem Bereich schreien, bleibt die weitere Ausgrenzung vor allem bei der Azubi-Vergütung ein fatales Kuriosum. Doch das ist traditionell der Föderalismus-Struktur geschuldet, wo jedes Bundesland sein eigenes Schulsystem bewacht, mit eigenen gesetzlichen Besonderheiten. Zentralisierungen und gar Eingriffe seitens des Bundes sind nicht gewollt.

Solange sich also keine bundeseinheitlichen Regelungen für die betroffenen Berufe an Berufsfachschulen durchsetzen können, bleibt es bei der offenkundigen Benachteiligung der dort lernenden Azubis. Ob der Nachwuchs für die vielen Einrichtungen in diesen Bereichen damit auf Dauer noch gesichert werden kann, das bleibt mehr als fraglich. Auch Azubis brauchen Geld zum Leben. Denn auch hier gilt: Ohne Moos nichts los.

Arbeitgeberbewertung - Nachtreten verboten

Die Kommunikation im weltweiten Netz hat für vieles völlig neue Dimensionen geschaffen. Das gilt für Waren, Dienstleistungen und auch für Arbeitgeber. Erfahrungsbe-

richte und Bewertungen sollen einer möglichst breit gestreuten Klientel vorab Entscheidungshilfe bieten. Doch nicht alles, was da munter im Netz gepostet wird, entspricht auch der Wirklichkeit. Die Arbeitgeberbewertung gerät so schnell zum böswilligen Nachteil des Unternehmers.
Nicht nur bei Facebook und Co. finden sich Informationen, die unter Rubriken wie Fake, Hass, Verleumdung oder Rufmord einzuordnen sind.
Dabei ist die Arbeitgeberbewertung im Grunde keine anrüchige Sache. Nach höchstrichterlicher Rechtsprechung ist ein solcher Erfahrungsbericht als Ausdruck der Meinungsfreiheit grundsätzlich zulässig. Trägt das Ganze doch zur Meinungsbildung bei.
Doch die Anonymität des Internets bietet bei all ihren Vorzügen auch stets die Gefahr des Missbrauchs.

Das Grundrecht auf Meinungsfreiheit garantiert den Schutz von öffentlichen Meinungsäußerungen, selbst dann, wenn diese anonym oder pseudonym stattfinden. Dabei sind die positiven Arbeitgeberbewertungen sicherlich die angenehmsten. Doch viele Unternehmen müssen inzwischen auch die böswillige Abrechnung per Posting ertragen. Dieses Nachtreten enttäuschter Arbeitnehmer ist jedoch nicht immer zulässig. Auf den Wahrheitsgehalt der dargestellten Tatsachen kommt es an. Unwahrheiten sind nicht vom Grundsatz der Meinungsfreiheit gedeckt.

Tatsachenbehauptungen zeichnen sich durch ihre Relation zur objektiven Wirklichkeit aus und sind immer einem Beweis zugänglich. Was also nicht bewiesen werden kann, zweifelsfrei, entspricht nicht den Tatsachen. Eine solche Behauptung wird als unwahr deklariert und ist als Äußerung bei einer Arbeitgeberbeurteilung nicht akzeptabel.

Natürlich auch nicht auf anderen Bewertungsportalen in anderen Zusammenhängen.

Schließlich gibt es noch eine weitere Grenze der erlaubten Meinungsäußerung, nämlich die sogenannte Schmähkritik. Diese Grenze ist immer dann überschritten, wenn der Ton so unsachlich oder verletzend wird, dass die Äußerung in keiner Weise mehr einen Beitrag zur objektiven Diskussion darstellen kann. Da die grundgesetzlich verankerte Meinungsfreiheit aber ein hohes Gut darstellt, fasst die Rechtsprechung den Bereich der Schmähkritik sehr eng. Allein kritische oder negative Äußerungen reichen hierfür nicht aus.

Als Schmähkritik werden dabei Äußerungen angesehen, bei der nicht mehr die Auseinandersetzung in der Sache, sondern die Diffamierung von Personen und Unternehmen im Vordergrund steht.

Das Vorgehen gegen die Verursacher einer unzulässigen Arbeitgeberbewertung ist aufgrund weit verbreiteter Anonymität oft nur schwer möglich. Die Rechtsprechung behilft sich in solchen Fällen mit der sogenannten Störer-Haftung. Hiernach steht der Betreiber der Bewertungsplattform in der Pflicht, unzulässige und rechtswidrige Inhalte zu löschen. Das heißt aber nicht, dass er ständig alle veröffentlichten Inhalte überprüfen muss. Nur ausdrücklich angezeigte Inhalte hat er zu begutachten und gegebenenfalls zu entfernen. Tut er dies nicht, haftet er in gleichem Umfang wie der Verfasser selbst.

Da der Portalbetreiber sich nicht für seine Nutzer in die Gefahr strafrechtlicher und zivilrechtlicher Haftung begeben wird, dürften auch in Zukunft die Regeln bei der Arbeitgeberbewertung immer strenger werden. Wer sich auf Dauer nicht benehmen kann, der muss konsequenterweise mit einem Ausschluss rechnen. Das böswillige Nachtreten sollte endlich ein Ende haben.

Joblinge - ein Projekt für die Zukunft

Die Jugendarbeitslosigkeit in Deutschland ist zwar ein Ärgernis für das wirtschaftlich so potente Land, doch als echtes gesellschaftliches Problem wird das meist nicht gesehen. Dabei steigen die Zahlen unaufhörlich. Fachkräftemangel und demografischer Wandel hingegen gelten als echte Drohkulisse für den Wohlstand der Zukunft. Insofern ist es mehr als nötig, das Joblinge-Projekt hervorzuheben und noch bekannter zu machen. Die Kennzahlen der letzten Berufsbildungsberichte müssten eigentlich aller Orten die Alarmglocken läuten lassen.

Inzwischen bleiben immer mehr Lehrstellen unbesetzt. Betriebe ziehen sich wegen ungeeigneter Bewerber immer mehr aus dem Lehrlingsmarkt zurück. Zeitgleich schaffen immer mehr Schulabgänger den Sprung in die Ausbildung nicht. Sie sind dann arbeitslos oder befinden sich in Maßnahmen des sogenannten Übergangssystems zwischen Schule und Beruf. Die letzten Jahre haben gezeigt, dass insbesondere gering qualifizierte Jugendliche nicht von den positiven wirtschaftlichen Entwicklungen des Landes profitieren konnten.

Statt regulärer Beschäftigung beginnt für viele der Jugendlichen eine Maßnahmenkarriere im Übergangssystem, wo auf den Berufseinstieg vorbereitet werden soll.

Dieses System kostet den Staat jährlich viele Milliarden Euro, die Kosten für die Sozialleistungen noch nicht eingerechnet. Weder aus volkswirtschaftlicher noch aus betriebswirtschaftlicher Sicht kann es sich Deutschland leisten, auf das Potenzial dieser Jugendlichen zu verzichten. Vor allem aber muss jeder junge Mensch, unabhängig von Herkunft und persönlichen Voraussetzungen, die Chance auf ein selbstbestimmtes Leben haben.

Das Problem haben vor Jahren schon die Boston Consulting Group und die Eberhard von Kuenheim Stiftung erkannt und das Joblinge-Projekt ins Leben gerufen. Diese Organisation ist als Social-Franchise-Modell konzipiert: Die Joblinge-Dachorganisation hat ihren Sitz in München und gliedert sich in mehrere gemeinnützige Aktiengesellschaften an bundesweit vielen Standorten.

Im gemeinsamen Engagement schafft das Joblinge-Projekt Perspektiven durch Qualifizierung, echte Jobchancen und die Befähigung, für sein Leben selbst die Verantwortung zu übernehmen. Eigenständigkeit und Hilfe zur Selbsthilfe stehen im Zentrum des Konzepts. Ob in den Gruppenprojekten, dem intensiven Einzel-Coaching oder in der Praxis: Immer werden die Teilnehmer selbst in die Verantwortung genommen. Sie erfahren viel Vertrauen und Unvoreingenommenheit, bei zugleich aber auch anspruchsvollen Zielsetzungen. In nur sechs Monaten gelingt den Jugendlichen damit eine große persönliche Entwicklung. Unterstützt von einem starken Netzwerk, aber aus eigener Kraft, sollen sich die Teilnehmer ihren Ausbildungs- oder Arbeitsplatz durch Eigenanstrengungen sprichwörtlich erarbeiten.

Die Jugendlichen sind während des gesamten Joblinge-Programms praktisch tätig. Dabei werden sie stufenweise auf den betrieblichen Alltag vorbereitet. Das erfolgt zunächst im seichten Umfeld der Joblinge-Standorte, anschließend über eng betreute Praktikumseinsätze in Partnerunternehmen. Hinter dem Bewerbungspraktikum am Ende des Programms steht der ersehnte und greifbar nahe Ausbildungs- oder Arbeitsplatz bei dem jeweiligen Unternehmen.

Wenn nichts mehr geht – VerA hilft

Jährlich bricht jeder vierte Jugendliche seine Ausbildung vorzeitig ab, oft schon im ersten Lehrjahr. Nur jeder zweite sucht sich eine Alternative. Das sind schlechte Nachrichten für die Zukunftsfähigkeit des Wirtschaftsstandorts Deutschland. Gründe für das sich seit Jahren konstant wiederholende Phänomen gibt es diverse: So wird vielen Azubis kurz nach Lehrbeginn klar, dass sie die völlig falsche Richtung gewählt haben. Andere kommen einfach menschlich nicht klar. Doch für all das gibt es Hilfe, nur kennt diese kaum jemand. Gemeint ist ein Angebot namens VerA. Bereits vor Jahren haben pensionierte Fach- und Führungskräfte das Problem erkannt und gründeten die Initiative VerA.

Das Kürzel steht für **Ver**hinderung von **A**usbildungsabbrüchen. Die Initiative ist eingebettet in den Senior Experten Service (SES), eine der größten deutschen Ehrenamtsorganisationen überhaupt. Erfahrene Macher der deutschen Wirtschaft unterstützen dort vielfältige Initiativen im In- und Ausland. Besonderes Augenmerk richten sie auf Entwicklungshilfe, Integration und Nachwuchsförderung.

Es ist ein Angebot an alle, die in der Ausbildung auf Schwierigkeiten stoßen. Wenn Azubis mit dem Gedanken spielen ihre Lehre abzubrechen, wird VerA aktiv.
Auf Wunsch stellt der SES diesen Jugendlichen berufs- und lebenserfahrene Profis im Ruhestand zur Seite. Diese beantworten fachliche Fragen und begleiten Übungen für die Berufspraxis. Daneben unterstützen sie die Vorbereitung auf Prüfungen und kümmern sich auch um den Ausgleich sprachlicher Defizite. Nicht zuletzt fördern sie die soziale Kompetenz, die Lernmotivation und das Vertrauensverhältnis zwischen Azubi und Ausbilder.

Der SES nimmt Anfragen nach Ausbildungsbegleitern von jeder Seite entgegen. Es können sich sowohl die Auszubildenden selbst, ihre Eltern, Berufsberater bei den Kammern, die Ausbildungsbetriebe als auch die Berufsschulen melden. Die Auswahl des Begleiters trifft der SES. Hunderte Expertinnen und Experten engagieren sich bundesweit für VerA. Sie werden auf ihre Aufgabe konkret vorbereitet. Daneben bringen sie natürlich das geballte Fachwissen ihres beruflichen Werdegangs mit in die Unterstützung ein. Eine VerA-Begleitung ist sowohl für die Azubis als auch für den Ausbildungsbetrieb kostenlos.

Sie läuft zunächst über zwölf Monate, kann aber bis zum Abschluss der Lehre verlängert werden. Die Ziele der Ausbildungsbegleitung legen die Senior Experten und Jugendlichen für den Einzelfall gemeinsam fest. Das Angebot gilt auch dann, wenn das Ausbildungsverhältnis vorzeitig beendet wurde. Hier sind die SES-Experten bei der Suche nach einer echten Alternative behilflich. Die Angebote des VerA-Projekts gelten für ganz Deutschland und sind an keine besonderen Bedingungen geknüpft.

4. Ausstieg, Umstieg, Qualifizierung

Risiken beim Wechsel aus der Festanstellung

Sich beruflich neu zu orientieren, neue Herausforderungen zu suchen oder einfach den Arbeitgeber zu wechseln - Intentionen des Neuanfangs gibt es heute viele. Unzufriedenheit mit dem Arbeitgeber, mangelnde Perspektiven, ein vielerorts wachsender Bedarf an motivierten Fachkräften und eine sich rasant wandelnde Arbeitswelt verlocken geradezu, über einen Wechsel nachzudenken. Auch und gerade aus einer Festanstellung. Ein ganzes Berufsleben an ein und demselben Arbeitsplatz wird immer seltener. Kandidaten, die sich aus einer Festanstellung heraus auf einen neuen Job bewerben, haben in der Regel deutlich bessere Karten als ihre arbeitslosen Konkurrenten. Sie sind an feste Rhythmen gewöhnt, halten ihr Können und ihre Kenntnisse täglich abrufbereit, sie vermitteln schlicht die Sicherheit, dass sie sich nahtlos einfügen könnten. Das ist ein gewaltiges Pfund, mit dem es sich gut verhandeln lässt, sei es über das Gehalt oder begehrte Zusatzleistungen.

Allerdings birgt diese Ausgangslage auch Risiken, die man nicht vernachlässigen sollte.
Besonders dann, wenn man sich längere Zeit nicht bewerben musste, sind Recherchen zu realistischen Konditionen unabdingbar. Den eigenen Marktwert falsch einzuschätzen, das käme gar nicht gut an. Für viele Unternehmen ist es auch von großer Bedeutung, dass man möglichst schnell mit dem neuen Mitarbeiter rechnen kann. Deshalb ist die genaue Kenntnis der eigenen Kündigungsfrist wichtig. Allerdings sollte man nicht schon eine mündliche Zusage zum Anlass nehmen, um beim bisherigen Arbeitgeber zu

kündigen. Nur was man schwarz auf weiß besitzt, das kann einem auch Sicherheit vermitteln.
Unbedingt zu vermeiden sind allzu offenherzige Darstellungen zur bisherigen Festanstellung. Weder negative Details über Chefs und Mitarbeiter noch betriebliche Interna haben etwas im Bewerbungsverfahren verloren. Derlei Indiskretionen könnten nicht nur juristische Probleme mit dem bisherigen Arbeitnehmer heraufbeschwören. Vor allem wird sich der neue Chef vor derartiger Geschwätzigkeit gewarnt sehen und eine fast sicher geglaubte Beschäftigung eventuell noch einmal in Frage stellen.

Danach ist es dann Zeit für eine Kultur des Abschieds aus der bisherigen Festanstellung.
Man sollte immer versuchen, im Guten auseinanderzugehen, alle Dinge abzuschließen und zu ordnen. Dann bleibt man in angenehmer Erinnerung und muss spätere berufliche Begegnungen nicht fürchten. Manchmal sieht man sich tatsächlich zweimal im Leben. Bei aller Zukunftsplanung darf nicht vergessen werden, dass beim Wechsel aus einer Festanstellung in der Regel Sicherheiten aufgegeben werden. Arbeitsplatz und Arbeitgeber sind bekannt und erprobt, das Einkommen war auskömmlich und regelmäßig. Bei einem Arbeitgeberwechsel beginnt die Prozedur von vorn. Man ist vor allem auch wieder kündbar, während der ersten sechs Monate, unabhängig von der Länge der Probezeit, ohne Nennung von Gründen.

Um möglichst viele Unwägbarkeiten und Risiken zu minimieren, bieten sich persönliche Netzwerke vorzüglich zur neuen Jobsuche an. Empfehlungen sind oft Gold wert. Wichtig bleibt schlussendlich, dass der derzeitige Arbeitgeber vorerst nichts von den Bewerbungsaktivitäten erfahren sollte. Daher sind soziale Netzwerke für dieses Thema gänzlich ungeeignet. Bei der Bewerbung über Berater sollte man mit einem sogenannten Sperrvermerk zum Ausdruck bringen, an wen die Bewerbungsunterlagen auf keinen Fall weitergeleitet werden sollen.

Lebenslanges Lernen erfordert Strategie

Die Erfahrungen aus der schwierigen Zeit der Corona-Pandemie haben bei so manchem den Drang ausgelöst, sich mit seinen persönlichen Dingen etwas intensiver zu beschäftigen. Zum Beispiel mit der eigenen Karriereplanung. Allzu deutlich ist hier einiges ins Stocken geraten. Unweigerlich trifft man dabei auf die Kategorie lebenslanges Lernen, ohnehin eines der großen Themen unserer Zeit.
Die Arbeitswelt orientiert sich zwangsläufig an technischen und wissenschaftlichen Neuerungen. Das Tempo ist rasant, so dass am Ende einer Berufsausbildung oft schon die Notwendigkeit von zusätzlichem Wissenserwerb entstanden ist. Eine berufliche Laufbahn kann nur langfristig erfolgreich verlaufen, wenn die grundsätzliche Bereitschaft besteht, sich das Neue im Hinblick auf die eigene Tätigkeit auch anzueignen.

Nun gibt es schon immer Berufe, wo das Thema einfach dazu gehört. Man denke an Mediziner oder Juristen, denen verpflichtend die Aneignung neuen Wissens vorgeschrieben ist. Doch inzwischen umfasst der Bedarf alle Bereiche der Berufswelt, auch wenn die Verpflichtung zur Wissensmehrung nur in den wenigsten Fällen verbindlich geregelt ist. Wer beruflich am Ball bleiben will, der macht lebenslanges Lernen auch zu seinem Programm. Dabei gilt es aber verschiedene Wege zu unterscheiden.

Einmal gibt es den großen Bereich der Fortbildungen, der oft betrieblich organisiert und unterstützt wird.
Dabei werden aktuelle Neuerungen und Veränderungen für spezielle Berufsaufgaben vorgestellt und das hierzu anwendungsbereite Wissen vermittelt. Die Bereitschaft zur Fortbildung wird von vielen Arbeitgebern zwingend vorausgesetzt. Drückeberger bekommen hier ganz schnell negative Auswirkungen auf ihre Berufslaufbahn zu spüren. Fortbildungen enden oft mit der Überreichung von Zertifikaten, die eine erfolgreiche Teilnahme bestätigen. Der Anwendungszweck ist oft berufsbezogen, in vielen Fällen sogar betriebsbezogen, so dass die Zertifikate nur bedingt bei einem Jobwechsel förderliche Berücksichtigung finden.

Eine Weiterbildung hingegen vermittelt auf Ausbildung und Berufserfahrung aufbauende Kenntnisse und Fertigkeiten.
Diese sollen dazu befähigen, beruflich auf qualitativ höherer Ebene zu arbeiten, anzuleiten und ein höheres Maß an Verantwortung zu übernehmen. Damit Weiterbildung auch genau diesen Zweck erfüllt und das eigene berufliche Fortkommen fördert, muss man sich bei der Auswahl der passenden Qualifizierung schon etwas Zeit nehmen. Vielfach werden Weiterbildungen angeboten, die lediglich mit Zertifikaten enden und im Grunde reine Fortbildungen darstellen. Nicht alles, was Weiterbildung genannt wird, ist auch als eine solche zu qualifizieren.

Im Gegensatz zu den Ausbildungen, die grundsätzlich gesetzlich geregelt sind und mit einem staatlich anerkannten Ausbildungsberuf enden, ist das Angebot bei Weiterbildungen oft unübersichtlich. In der Masse von ca. 400.000 verschiedenen Angeboten, die es jährlich in Deutschland gibt, finden sich nur verschwindend wenige, die wirklich

Sinn machen. Anhaltspunkt für die Orientierung kann in erster Linie die verbindliche Regelung der Inhalte und Abschlüsse der Weiterbildungen sein. So gibt es nur rund 200 nichtakademische Weiterbildungsberufe in Deutschland, die vom Bundesgesetzgeber, der IHK bzw. den Handwerkskammern verbindlich festgeschrieben sind. Nur mit diesen Abschlüssen kann man mit bedenkenloser Anerkennung in verschiedenen Bundesländern und bei verschiedenen Arbeitgebern rechnen. Denn die Inhalte sind obligatorisch und einheitlich geregelt.

Lebenslanges Lernen verlangt also eine vernünftige Strategie. Die richtige Auswahl des Weges ist auch insofern von weitreichender Bedeutung, da eine Weiterbildung meist mit erheblichem finanziellen Aufwand verbunden ist. Natürlich gibt es Förderprogramme und teilweise auch Unterstützung vom Arbeitgeber. Allerdings sollte man das Geld dann auch so investieren, dass die Anerkennung der Weiterbildung langfristig gesichert ist.

Quereinstieg erweitert die Möglichkeiten

Alle Welt spricht von Wandel. Veränderungen werden als Fortschritt betrachtet. Nicht selten betreffen die Veränderungen einen auch persönlich. Doch können Umbrüche das eigene Dasein durchaus positiv beeinflussen, soweit man das Steuer selbst in die Hand nimmt und sich nicht einfach treiben lässt. Dabei werden auch immer mehr Hürden zur Nebensache. Quereinstieg heißt ein durchaus wachsender Trend. Dazu bedarf es sicher immer etwas Mut. Doch der kann sich durchaus lohnen.

Die gesellschaftlichen Voraussetzungen sind dafür - aufgrund der demografischen Entwicklung und dem wachsenden Fachkräftemangel in vielen Branchen - heute besser denn je. Galt so etwas noch vor wenigen Jahren als Ausdruck mangelnder Willensstärke und fehlender persönlicher Reife, so sind heute die Wechsel der beruflichen Basis und die grundsätzliche Neuorientierung am Arbeitsmarkt durchaus im Trend. Es gibt genügend Beispiele radikaler beruflicher Veränderung, die zu einer wirtschaftlichen und persönlichen Erfolgsgeschichte geworden sind. Doch auch ohne gleich nach den Sternen greifen zu wollen, der rechtzeitige Blick über den Tellerrand kann die persönliche Entwicklung durchaus positiv beeinflussen.
Dies gilt umso mehr, als man im erlernten Beruf keine Zukunft mehr sieht, ständig nach neuen Arbeitgebern sucht oder generell unglücklich mit der ursprünglichen Berufswahl ist.

Dann wird es höchste Zeit, sich mit Möglichkeiten der Umorientierung zu beschäftigen. Angebote gibt es auf diesem Gebiet reichhaltig, doch eingehende Beratung und eigene Analyse des Wollens und der neuen Ziele bleiben das Wichtigste. Umso leichter fällt dies natürlich, wenn man eigene Stärken und bereits gewonnene Erfahrungen einbringen und stärker nutzen will. Dann kommt dies einem persönlichen Traumjob schon nahe, es fehlt eben nur noch an der Umsetzung.

Es gibt heute schon viele Branchen, die ohne Quereinsteiger nicht mehr auskommen. Die Berufswechsler, wenn sie es ernst meinen, sind gefragt. Sie haben oft Praxiserfahrung und wissen, nach mehr oder weniger beruflichen Irrwegen, was sie wollen. Natürlich ist mit jedem Wechsel auch ein gewisses Risiko verbunden, deshalb gibt es Möglichkeiten der Beratung.

Noch eine weitere Gruppe ist dafür prädestiniert, über Berufswechsel und Quereinstieg nachzudenken: Dies sind all jene jungen Menschen, die bei der Wahl ihres Ausbildungsplatzes noch nicht sehr wählerisch sein konnten. Oft fehlte mit 16 oder 17 Jahren der ernsthafte Blick für die eigene berufliche Zukunft, andere Dinge erschienen verlockender und wichtiger. Dies ändert sich oft radikal, sobald sich das Verständnis gewandelt hat und die Einsicht in eigenes Handeln und eigene Verantwortung folgt.

Natürlich kann man immer auch später Dinge nachholen, ausbessern, korrigieren. Es kommt einzig darauf an, dass man es tut und nicht nur davon träumt. Hier im Buch, vor allem im **Teil II** kann man sich über die Möglichkeiten informieren.

Wie geht das mit der Umschulung?

„Was Hänschen nicht lernt, das lernt Hans nimmermehr", war in früheren Generationen der gut gemeinte Rat, sich in der Schule anzustrengen.
Inzwischen dürfte auch dieser Spruch längst überholt, wenn nicht gar völlig falsch sein. Heute müssen wir uns mit dem lebenslangen Lernen offensiv auseinandersetzen, um den Anforderungen der rasanten Entwicklungsgeschwindigkeit in der modernen Arbeitswelt zu genügen. Doch auch die mangelnde Bildungsvermittlung in vielen Schulen macht ein gänzliches Umdenken erforderlich. Eine große Zahl der Schulabgänger ist überhaupt nicht vorberei-

tet auf Ausbildung und Beruf. Das alles bedarf wirksamer Instrumentarien, um auf Umwegen doch noch berufliche Zukunftsmöglichkeiten zu eröffnen. Es lassen sich aber auch neue Wege aufzeigen, soweit sich bisherige berufliche Chancen überlebt haben. Zum Beispiel durch eine Umschulung.
Das Feld der Möglichkeiten ist zwar etwas unübersichtlich geworden, aber die Angebote zur Fortsetzung oder zur Wiederaufnahme berufsorientierten Lernens sind reichlich vorhanden.

Ein sehr bedeutsamer Bereich ist dabei die Umschulung, mit der ein neues Berufsziel angestrebt wird. Es handelt sich bei einer Umschulung also in der Regel um eine zwei- oder sogar dreijährige Bildungsphase mit Praxiselementen. Diese endet nach einer Prüfung vor der Industrie- und Handelskammer oder der Handwerkskammer mit einem anerkannten Berufsabschluss. Diese Möglichkeit beruflicher Neuorientierung steht grundsätzlich jedem offen, wenn die Finanzierung dafür aus eigenen Mitteln erfolgt.

Soll allerdings die Umschulung durch Förderung aus öffentlichen Mitteln erfolgen, dann sind Gründe beizubringen, die eine solche Förderung rechtfertigen.
Ein Rechtsanspruch auf Förderung einer Umschulung ist nur gegeben, wenn dadurch die Chance auf Eingliederung in den Arbeitsmarkt signifikant steigt. Dies ist beispielsweise bei Antragstellern zu erwarten, die krankheitsbedingt länger beruflich abwesend waren. Auch nach einer Auszeit vom Job wegen Kinderziehung oder wegen der Pflege von Familienangehörigen ist diese Voraussetzung denkbar. Auch Berufsunfähigkeit, schlechte Zukunftschancen im bisherigen Beruf oder eine abgebrochene Ausbildung sind Gründe, die den Zugang zu einer geförderten Umschulung

eröffnen. Leistungsträger können, neben den Arbeitsagenturen und Jobcentern, natürlich auch Rentenversicherungsträger, Berufsgenossenschaften und Betriebe sein.

Grundsätzlich gibt es drei verschiedene Umschulungsarten: Eine Umschulung nach dem Berufsbildungs-Gesetz (BBiG) wird als betriebliche Umschulung bezeichnet. Ähnlich wie bei einer Ausbildung, absolvieren die Umschüler die Ausbildung in einem Betrieb. Dazu parallel können sie den Unterricht an einer Betriebsschule vor Ort wahrnehmen, wobei dieser nicht verpflichtend aber durchaus empfehlenswert ist. Die Finanzierung wird durch die Zahlung einer Ausbildungsvergütung oder durch Unterhaltsleistungen eines Leistungsträgers sichergestellt.

In einigen Bereichen findet keine betriebliche Ausbildung, sondern eine Ausbildung an einer Berufsfachschule statt. Hier entfällt die Ausbildungsvergütung und stattdessen wurde lange Schulgeld fällig. Dieses übernimmt inzwischen aber der Leistungsträger nach entsprechender Antragstellung.

Bei der Umschulung durch einen Bildungsträger hat dieser die Funktion des Ausbildungsbetriebes inne. Die Umschulung wird dann als überbetriebliche Umschulung bezeichnet. Der Bildungsträger organisiert die Ausbildung mittels Praktika in verschiedenen Betrieben, unterhält jedoch auch eigene Lehrwerkstätten, in denen die Ausbildung stattfindet.

Die Zeit für eine Umschulung ist dabei deutlich kürzer als bei der regulären Berufsausbildung. In der Regel wird ein Drittel der für einen Beruf vorgesehenen Ausbildungszeit eingespart. Grund dafür ist, dass zur Umschulung nur zugelassen wird, wer bereits eine Ausbildung absolviert oder eine solche zumindest begonnen hatte. Insofern werden bereits berufliche Erfahrungen als gegeben angesehen. Das rechtfertigt die Abkürzung.

Finanzierungsquellen für den Neustart im Job

Arbeits- und Berufswelt befinden sich im Wandel. Die Neuordnung vieler Branchen erfordert dabei die flexible Anpassung durch den Einzelnen. Daneben beeinflussen Familienplanung und diverse Krankheitsbilder immer wieder das Berufsleben. Nicht selten erscheint aber auch die ursprüngliche Berufswahl zunehmend als Fehlgriff und Sackgasse. In diesem Zusammenhang gewinnt das Thema Umschulung seit Jahren an Bedeutung. In Anbetracht der Dringlichkeit in vielen Fällen, bleibt aber solch ein qualifizierter Neustart zahlenmäßig noch deutlich hinter den Erwartungen des Marktes zurück. Das liegt nicht zuletzt an der Frage der Finanzierung, die sich nicht jedem problemlos erschließt. Dabei gibt es hier clevere Möglichkeiten.

Die Umschulung ist eine gesetzlich definierte Möglichkeit, einen neuen Beruf zu erlernen.
Voraussetzung dafür ist, neben der Volljährigkeit, dass bereits früher schon eine Ausbildung absolviert wurde oder eine berufliche Tätigkeit über längere Zeit ausgeübt worden ist. Der zeitliche Aufwandsrahmen ist aufgrund der zwingenden beruflichen Vorgeschichte deutlich geringer als bei einer Ausbildung. Doch natürlich kosten Umschulungen auch Geld. Die anbietenden Bildungsträger wollen schließlich für ihre Leistungen bezahlt werden. Findet man einen Betrieb, der einem die Umschulung in weiser Voraus-

sicht finanziert, ist das Problem gelöst. Doch das ist nicht unbedingt die Regel. Überwiegend wird eine überbetriebliche Umschulung bei einem Bildungsträger angestrebt. Nicht zuletzt deshalb, weil der alte Betrieb keinen Bedarf mehr an der Arbeitskraft hat und ein neuer Arbeitgeber erst mit bestandener Umschulung Interesse zeigt.

Man kann einen solchen Neustart natürlich aus der eigenen Tasche finanzieren. Das dürfte aber nur den wenigsten gelingen. Also bietet sich ein Vorsprechen bei der örtlichen Arbeitsagentur an. Dort gibt es den begehrten Bildungsgutschein für Umschulungsmaßnahmen. Natürlich wird das Vorhaben erst eingehender Prüfung unterzogen. Die Ermessensentscheidung der Arbeitsagentur orientiert sich daran, was die sinnvollste Möglichkeit ist, Arbeitslosigkeit zu vermeiden oder zu beenden. Nicht immer gelingt es dabei, den zuständigen Berater von den Vorzügen des neuen Traumberufs zu überzeugen. Die jeweils maßgeblichen Argumente sollten schon taktisch klug und pointiert vorgetragen werden. Nichts verfängt besser als eine überzeugende Strategie.

Doch nicht immer sind die Anlässe zum beruflichen Umdenken rein persönlicher Natur.
So gibt es durchaus auch gesundheitliche Gründe, psychischer oder körperlicher Art, die eine Umschulung sinnvoll erscheinen lassen. Dann kommt als Anlaufstelle besser die Rentenversicherung in Betracht. Wer mehr als 15 Jahre versicherungspflichtig beschäftigt war oder bereits erwerbsgemindert ist, kann die Kostenübernahme für den Neustart auch dort beantragen. Die Rentenversicherung ist einer der wichtigsten Leistungsträger für die Förderung von Umschulungsmaßnahmen überhaupt.

Ist die gesundheitliche Beeinträchtigung hingegen einem Arbeitsunfall geschuldet, so wären die Berufsgenossenschaft oder die Versicherung die richtigen Adressen für die Finanzierungsanfrage. Auch von dort kann man in begründeten Fällen finanzielle Unterstützung für einen beruflichen Neustart erwarten.

Mit Bildungsgutschein oder einer Erklärung zur Kostenübernahme kann man sich dann auf die Suche nach einem Anbieter machen, der die Umschulung organisatorisch komplett abwickelt. Die Prüfung aller Voraussetzungen, eine Menge Papier und strapazierte Nerven erspart man sich hingegen, wenn eine Eigenfinanzierung in Betracht gezogen wird. Das kann auch mit geliehenem Geld oder mittels Kredit geschehen. Es wäre in jedem Fall gut investiertes Geld in die eigene Zukunft, ohne hierbei auch noch rechenschaftspflichtig zu sein.

Fortbildung und Rückzahlungsklauseln

Qualifizierte Fachkräfte für das eigene Unternehmen zu gewinnen, das wird nicht nur immer schwerer, es ist auch mit einem enormen Kostenaufwand verbunden. Um nicht ständig wieder von vorn beginnen zu müssen, entwickeln weitsichtige Unternehmen spezielle Programme zur Mitarbeiterbindung. Ein wesentlicher Teilaspekt moderner Personalarbeit ist dabei, den einzelnen Arbeitskräften interessante Entwicklungsmöglichkeiten im Unternehmen durch zielgerichtete Fortbildung zu eröffnen und diese auch zu finanzieren.

Da der Arbeitgeber nach Beendigung der Maßnahme natürlich auch die Früchte seiner Bildungsinvestition ernten möchte, werden regelmäßig entsprechende Finanzierungsverträge zur Fortbildung mit Rückzahlungsklauseln versehen. Damit sichert sich der Arbeitgeber für eine gewisse Zeit die qualifizierte Arbeitskraft mittels Treuebonus.

Doch sind solche Klauseln nicht immer zulässig. Fortbildungslehrgänge, die bereits vorhandene berufliche Kenntnisse allenfalls auffrischen oder rein innerbetrieblichen Zwecken dienen, können nicht Gegenstand einer Rückzahlungsvereinbarung sein. Diese Vorteile kommen allein dem Arbeitgeber zugute.
Danach kann eine Kostenrückzahlung des Arbeitnehmers nur wirksam vereinbart werden, wenn der Wert des Arbeitnehmers auf dem Arbeitsmarkt sich durch die Maßnahme effektiv erhöht. Soweit dieser Vorteil nicht gegeben ist, verstößt eine Rückzahlungsvereinbarung gegen den Grundsatz von Treu und Glauben (§242 BGB) und ist unwirksam.
Im Falle einer Kündigung ist für eine mögliche Rückzahlungsverpflichtung ausschlaggebend, wer die Beendigung des Arbeitsverhältnisses zu vertreten hat. Hat der Arbeitgeber gekündigt, ohne dass der Arbeitnehmer durch seine Person oder sein Verhalten Anlass dazu gegeben hat, so tritt eine Rückzahlungsverpflichtung nicht in Kraft. Kündigt der Arbeitnehmer, so gibt es hier von der Rechtsprechung entwickelte Richtwerte hinsichtlich der Bindungsdauer nach einer Fortbildung zu beachten. Diese ersetzen allerdings nicht die in jedem Einzelfall erforderliche genauere Prüfung.

So wird die Arbeitgeberbindung bis zu 1 Jahr, bei einer Fortbildungsdauer von 2 Monaten, als zulässig erachtet.

Bei mehr als 2 Jahren Dauer der Fortbildung, wäre man dann bis zu 5 Jahre arbeitsvertraglich gebunden. Daneben ist es natürlich zwingend erforderlich, dass sich der zurückzuzahlende Betrag auch zeitanteilig immer weiter vermindert.

Der Vorteil einer Fortbildung muss sich immer für Arbeitgeber und für Arbeitnehmer als ein solcher darstellen. Profitiert überwiegend der Arbeitgeber, dann ist eine inhaltliche Überprüfung der vertraglichen Klauseln angezeigt. Da diese rechtlich als Allgemeine Geschäftsbedingungen zu deklarieren sind, erfolgt die Inhaltsprüfung anhand der §§ 305 ff BGB. Erweist sich hiernach auch nur ein teilweiser Verstoß gegen die Regeln, dann sind die sogenannten Rückzahlungsklauseln insgesamt unwirksam. Ein intensiver Blick auf derlei Vereinbarungen mit dem Arbeitgeber lohnt allemal.

Fachkräftesicherung mit geförderter Qualifizierung

Beim Thema Fachkräftesicherung offenbart sich seit Jahren ein Grundproblem unserer Wirtschaft: Der jeweilige Bedarf an qualifizierten Fachkräften soll am Markt ausreichend zur Verfügung stehen. Zum Aufbau der Ressourcen tragen aber immer weniger Unternehmen bei. Gerade im Handwerk nimmt die Problematik inzwischen größere Ausmaße an. Längst nicht mehr alle Betriebe bilden aus und fördern auch die Qualifizierung ihrer Mitarbeiter. Hingegen sind die Rufe nach gut qualifiziertem Personal aus dem Ausland dort am stärksten.

Dabei ist aktive Personalbindung durch intensive Pflege der Ressourcen nicht erst seit gestern eine Binsenweisheit, um langfristig am Markt erfolgreich zu sein. Mit einem großzügigen Förder- und Unterstützungsprogramm lässt sich die Fachkräftesicherung langfristig bewerkstelligen. So mancher Arbeitgeber hat das auch längst begriffen und bietet neben attraktiver Ausbildung des Nachwuchses auch finanzielle Unterstützung für die berufliche Qualifizierung an. Häufig koppelt er diese vertraglich an weitere Jahre des Verbleibs im Betrieb, um auch tatsächlich an den Vorteilen der Qualifizierung teilhaben zu können. Als Gegenleistung winkt oft der Wegfall jeglicher Rückzahlungsverpflichtung.

Jeder der sich hier auf eigene Kosten bemühen muss, um den wachsenden Anforderungen gerecht zu werden, dessen Bindung zum aktuellen Arbeitgeber dürfte nicht allzu intensiv ausgeprägt sein. So entsteht klassisch ein potenzieller Wechselkandidat und das Mangel-Problem wächst.

Um berufliche Weiterbildung deutlich attraktiver zu machen, trat mit Beginn des Jahres 2019 das Qualifizierungschancen-Gesetz in Kraft. Es ermöglicht seither jedem eine Qualifizierung, unabhängig von bisheriger Qualifikation, Lebensalter und Betriebsgröße. Hierzu werden nicht nur die Kosten der Maßnahme anteilig oder auch komplett übernommen, sondern es werden auch deutlich mehr Zuschüsse zum Arbeitsentgelt während dieser Zeit gewährt. Die Finanzierung hierfür stellt die Bundesagentur für Arbeit bereit. Mit dem Gesetz zur Stärkung der Aus- und Weiterbildung wurden die Förderleistungen nochmals verbessert.

Bei kleinen Unternehmen mit bis zu 50 Beschäftigten werden 100 Prozent der Qualifizierungskosten und 80 Prozent des Arbeitsentgelts übernommen, bei mittleren Unternehmen mit mehr als 50 und bis zu 500 Beschäftigten werden 100 Prozent der Qualifizierungskosten und 55 Prozent des Arbeitsentgelts von der Bundesagentur für Arbeit übernommen. Bei großen Unternehmen mit mehr als 500 Beschäftigen sind es immerhin noch 30 Prozent der Qualifizierungskosten und des Arbeitsentgelts. Bei fehlendem Berufsabschluss und bei abschlussbezogenen Qualifizierungen werden, unabhängig von der Unternehmensgröße, bis zu 100 Prozent der Kosten übernommen.

Die Agentur für Arbeit muss jede dieser in Betracht kommenden Qualifizierungen vorab genehmigen. Mit Ausgabe eines Bildungsgutscheins kann die Maßnahme dann bei einem zertifizierten Bildungsträger in Angriff genommen werden. Weitere Einzelheiten dazu regelt § 82 SGB III.

Neu eingeführt wurde zum 1. April 2024 das sogenannte Qualifizierungsgeld. Damit können Unternehmen die Kenntnisse und Fertigkeiten ihrer Mitarbeiter anpassen, soweit deren Arbeitsplätze durch den Strukturwandel gefährdet sind. Die Dauer der Förderung kann bis zu 3,5 Jahre betragen. In dieser Zeit ist also auch die Ausbildung in einem neuen Beruf auf gleichem Qualifikationsniveau möglich. Das Qualifizierungsgeld wird als Lohnersatz in Höhe von 60 bzw. 67 Prozent des bisherigen Nettoverdienstes ausgezahlt.

Dennoch bleiben Qualifizierungen eine Ermessensleistung des Arbeitgebers. Einen Rechtsanspruch der Beschäftigten gibt es bisher noch nicht. Im Sinne auskömmlicher Fachkräftesicherung und in Anbetracht der Förderung könnte aber so mancher Arbeitgeber sich vertraglich zur Unterstützung bekennen. Auch das schafft Sicherheit und Vertrauen.

Das System der Aufstiegsqualifizierungen

Die Arbeitswelt orientiert sich zwangsläufig an technischen und wissenschaftlichen Neuerungen. Das Tempo ist rasant, so dass am Ende einer Berufsausbildung oft schon die Notwendigkeit von zusätzlichem Wissenserwerb entstanden ist. Eine berufliche Laufbahn kann nur langfristig erfolgreich verlaufen, wenn die grundsätzliche Bereitschaft besteht, sich das Neue im Hinblick auf die eigene Tätigkeit auch anzueignen. Dazu muss die Qualifizierung in Deutschland noch mehr gestärkt werden. Das System der Aufstiegsqualifizierungen ist noch viel zu wenig bekannt. Nur so kann künftig ausreichend Nachwuchs für eine Alternative zum Studienwahn gewonnen werden.

Aufstiegsqualifizierungen sollen dazu dienen, die Kenntnisse für beruflich anspruchsvollere Aufgaben im Anschluss an eine Ausbildung zu vermitteln. Gemeint sind damit Meisterkurse oder andere auf einen anerkannten Fortbildungsabschluss vorbereitende Lehrgänge. Dabei ist aber die Ebene der Meister, egal ob im Handwerk oder in der Industrie, noch nicht das Ende der Möglichkeiten. Darauf aufbauend sind weitere Aufstiegsqualifizierungen möglich.
Als Zugangsvoraussetzung werden eine abgeschlossene Berufsausbildung oder eine mehrjährige Berufserfahrung erwartet. Mehr zu den Möglichkeiten in **Teil II** des Buches.

Den Nachweis über den Erwerb der erforderlichen Kenntnisse hat man am Schluss der Aufstiegsqualifizierungen in einer Prüfung nachzuweisen. Das Bestehen der Prüfung wird durch eine Urkunde und durch die darin enthaltene Berechtigung bescheinigt, ab sofort den Qualifikationsberuf als Berufsbezeichnung führen zu dürfen. Möglichkeiten zu Aufstiegsqualifizierungen bieten generell alle Berufe. Die Rahmenbedingungen sind durch das Berufsbildungsgesetz, für die IHK-Abschlüsse, und durch die Handwerksordnung, für die Aufstiegsweiterbildungen im Handwerk, verbindlich geregelt.

Abschlüsse dieser Art ermöglichen bundesweit und betriebsunabhängig planbare Karrieremöglichkeiten Auch ein Studium rückt damit in greifbare Nähe. Seit dem Jahre 2009 schon ist einheitlich geregelt, dass Meister, Techniker und Fachwirte ein allgemeines Hochschul-Zugangsrecht mit ihrem Abschluss erwerben. Darüber hinaus sind die Abschlüsse der Aufstiegsqualifizierungen akademischen Abschlüssen auf der jeweiligen Ebene gleichgestellt. Das ermöglicht so manchem „Spätstarter“ ungeahnte berufliche Karrierewege, soweit die Chance ergriffen wird.

Daneben gibt es auch eine Vielzahl alternativer Qualifizierungsabschlüsse. Das wesentliche Kennzeichen dieser Abschlüsse ist, dass sie an keine gesetzlichen Vorgaben gebunden sind. Auch eine staatliche Anerkennung fehlt. Doch für die Wirtschaft haben sie einen zum Teil hohen Wert, denn häufig fehlen in manchen Bereichen vergleichbare staatlich geregelte Abschlüsse. Da die Zugangsvoraussetzungen offener gestaltet sind, bieten diese Qualifizierungen auch jenen Interessenten eine Chance, die nicht bereits schon einschlägige Berufserfahrungen vorweisen können.

Verschiedene Wege zum Traumjob

Der Meister gilt noch immer als Könner seines Fachs. Die Tradition der Handwerksberufe in Deutschland ist seit Jahrhunderten untrennbar mit ihren Meistern verbunden. Diese waren es von jeher, die Können und Fertigkeiten ihres Handwerks immer weiter vervollkommnet und an die nächste Generation weitervermittelt haben. In vielen Berufen ist der Meistertitel Voraussetzung, um sich selbstständig zu machen. Noch heute vereint der Handwerksmeister diese Mehrfachqualifikation in einer Position: Er ist Spezialist seines Fachs, Ausbilder des Nachwuchses und Unternehmer seines Betriebes.

Darin unterscheidet er sich wesentlich vom Industriemeister, dessen Qualifikation sich nicht an unternehmerischer Selbständigkeit orientiert. Diese Meisterausbildung ist mit der Entwicklung der Industrie entstanden und bezeichnet eine fachliche Qualifikation mit Personalverantwortung. Der Industriemeister fungiert also vorrangig in einem bestimmten Fachbereich des Betriebes und bildet dort das Bindeglied zur Geschäftsleitung.
Mit gleichen Aufgaben und Qualifikationen versehen sind die Fachmeister, deren Fachgebiete aber nicht der Industrie zugeordnet werden können.
Da Aufgaben und Ziele der Industrie-und Fachmeister auf der einen Seite, sich von denen der Handwerksmeister auf der anderen Seite, wesentlich unterscheiden, sind sowohl die Inhalte als auch die Zugangsvoraussetzungen nicht miteinander zu vergleichen.

Für die Anmeldung zur Meister-Prüfung im Handwerk wird eine bestandene Gesellenprüfung vorausgesetzt.

Dabei kann das bisherige Berufsbild durchaus von dem des angestrebten Meister-Fachs abweichen. Wenn Handwerker den Meisterabschluss im gleichen Beruf anstreben, können sie die Qualifizierung zum Meister auch direkt an die Ausbildung anschließen. Bei angestrebten fachfremden Meister-Ehren benötigt man zur Zulassung drei bis vier Jahre Berufserfahrung.

Mit einer Ausnahmegenehmigung und ausreichend Berufserfahrung ist es auch möglich, sich ohne abgeschlossene Berufsausbildung für die Meister-Prüfung anzumelden. Die Meisterqualifikation ist grundsätzlich in vier Kursteile aufgeteilt: praktischer Teil (I); fachtheoretischer Teil (II); betriebswirtschaftlicher und rechtlicher Teil (III); berufspädagogischer Teil (IV). Am Ende jedes Kursteils findet die Prüfung statt. Dabei ist nicht verbindlich vorgegeben, in welcher Reihenfolge man die Kurse absolvieren muss. Es ist auch nicht zwingend erforderlich, dass man die Lehrgänge absolviert. Maßgebend sind die jeweilige Prüfung und die dort erzielten Ergebnisse. Die Abnahme erfolgt immer vor der Handwerkskammer.

Bei der Aufstiegsqualifizierung zum Industrie- oder Fachmeister wird in der Regel eine vorangegangene erfolgreiche Berufsausbildung im selben Fach erwartet.
Bei fachfremden Bewerbern wird zusätzlich eine einschlägige Berufspraxis vorausgesetzt und fehlt eine Berufsausbildung ganz, so sollte man generell ein paar Jahre dieser einschlägigen Berufserfahrung vorweisen können.

Die Prüfung gliedert sich bundeseinheitlich in zwei Komplexe: In den fachrichtungsübergreifender Teil (Basisqualifikation) und den fachrichtungsspezifischen Teil (handlungsspezifische Qualifikation). Die Prüfungen werden vor der IHK abgelegt und bei Erfolg auch mit dem Meisterbrief honoriert.

Alle Meister und Meisterinnen sind nach den Maßstäben des DQR (Deutscher Qualifikationsrahmen für lebenslanges Lernen) dem Qualifikationsniveau 6 zugeordnet, damit dem Bachelor-Abschluss gleichgestellt. Das bedeutet jedoch nicht die Gleichheit beider Abschlüsse. Die Expertise des fachlichen Könnens bleibt weiter das Entscheidende. Die Bezeichnung des Titels hilft lediglich bei der Zuordnung des Qualifikationsniveaus.

Teil II

Finde Deinen Weg

1. Alle Ausbildungsberufe, gegliedert nach Berufsfeldern

In der folgenden Übersicht finden Sie die Aufzählung aller staatlich anerkannten Ausbildungsberufe. Untergliedert wird die Darstellung nach den einzelnen Berufsfeldern. Berufe mit kurzer Ausbildungsdauer (2 Jahre) sind dementsprechend gekennzeichnet.

Jeder Ausbildungsberuf hat eine eigene gesetzliche Grundlage, die sich in der jeweiligen Rechtsverordnung findet. Die für jeden Ausbildungsberuf derzeit gültige Rechtsverordnung und weitere Einzelheiten zu den Inhalten, Zugangserfordernissen und Prüfungsregelungen findet man unter **www.tempbus.de/berufswelt**.

Berufsfelder

a) Automobile
b) Bautechnik
c) Büro, Verwaltung, Handel und Kundenberatung
d) Elektrotechnik
e) Ernährung, Gastronomie und Hauswirtschaft
f) Erziehung, Bildung, Pflege
g) Farb- und Raumtechnik,Holz,Papier, Glas und Kunststoff
h) Gesundheit und Körperpflege
i) Information und Telekommunikation
j) Medien- und Drucktechnik
k) Metalltechnik
l) Pflanzen und Tiere
m) Polizei-Berufe

n) Textil-, Bekleidungs- und Ledertechnik
o) Transport und Verkehr
p) Umwelttechnik, Biologie, Physik, Chemie

Alle Ausbildungsberufe (Aufzählung)

a) Automobile

- Automobilkaufmann/-frau
- Fahrradmonteur/-in (*kurze Ausbildungsdauer)*
- Fahrzeuginterieur-Mechaniker/-in
- Fahrzeuglackierer/-innen
- Karosserie- und Fahrzeugbaumechaniker/-in
- Kraftfahrzeugmechatroniker/-in
- Land- und Baumaschinenmechatroniker/-in
- Mechaniker/-in für Reifen und Vulkanisationstechnik
- Tankwart/-in
- Zweiradmechatroniker/-in

b) Bautechnik

- Asphaltbauer/-in
- Ausbaufacharbeiter/-in (*kurze Ausbildungsdauer)*
- Baugeräteführer/-in
- Bauwerksabdichter
- Bauwerksmechaniker/-in für Abbruch und Betontrenntechnik
- Bauzeichner/-in
- Berg- und Maschinenmann/frau (*kurze Ausbildungsdauer)*
- Bergvermessungstechniker/-in

- Beton- und Stahlbetonbauer/-in
- Betonfertigteilbauer/-in
- Betonstein- und Terrazzohersteller/-in
- Brunnenbauer/-in
- Dachdecker/-in
- Estrichleger/-in
- Fachkraft für Holz- und Bautenschutzarbeiten (*kurze Ausbildungsdauer)*
- Fassadenmonteure/-in
- Feuerungs- und Schornsteinbauer/-in
- Fliesen-, Platten- und Mosaikleger/-in
- Gerüstbauer/-in
- Gleisbauer/-in
- Hochbaufacharbeiter/-in (*kurze Ausbildungsdauer)*
- Holz- und Bautenschützer/-in
- Industrie-Isolierer/-in
- Isolierfacharbeiter/-in (*kurze Ausbildungsdauer)*
- Kanalbauer/-in
- Maurer/-in
- Naturwerksteinmechaniker/-in
- Ofen- und Luftheizungsbauer/-in
- Produktionstechnologe/-in
- Rohrleitungsbauer/-in
- Spezialtiefbauer/-in
- Straßenbauer/-in
- Stuckateur/-in
- Technische/-r Produktdesigner/-in
- Technische/-r Systemplaner/-in
- Tiefbaufacharbeiter/-in (*kurze Ausbildungsdauer)*
- Trockenbaumonteur/-in
- Verfahrensmechaniker/-in in der Steine- und
- Erdenindustrie
- Vermessungstechniker/-in
- Wärme-, Kälte- und Schallschutzisolierer/-in

- Wasserbauer/-in
- Zimmerer/-in

c) **Büro, Verwaltung, Handel und Kundenberatung**

- Bankkaufmann/-frau
- Buchhändler/-in
- Fachangestellte/r für Arbeitsförderung
- Fachkraft für Lagerlogistik
- Fachkraft für Möbel-, Küchen- und Umzugsservice
- Fachkraft für Schutz und Sicherheit
- Fachlagerist/-in (*kurze Ausbildungsdauer*)
- Immobilienkaufmann/-frau
- Industriekaufmann/-frau
- Investmentfondskaufmann/-frau
- Justizfachangestellte/-r
- Kaufmann/ Kauffrau im E-Commerce
- Kaufmann/-frau für Büromanagement
- Kaufmann/-frau im Einzelhandel
- Kaufmann/-frau im Groß- und Außenhandel
- Kaufmann/Kauffrau für Dialogmarketing
- Kaufmann/Kauffrau für Marketingkommunikation
- Kaufmann/Kauffrau für Tourismus und Freizeit
- Kaufmann/Kauffrau für Versicherungen und Finanzen
- Musikfachhändler/-in
- Notarfachangestellte/r
- Patentanwaltsfachangestellte/r
- Personaldienstleistungskaufmann/-frau
- Rechtsanwalts- und Notarfachangestellte/r
- Rechtsanwaltsfachangestellte/r
- Servicefachkraft für Dialogmarketing (*kurze Ausbildungsdauer*)

- Servicefachkraft für Schutz und Sicherheit (*kurze Ausbildungsdauer)*
- Sozialversicherungsfachangestellte/r
- Steuerfachangestellte/r
- Verkäufer/-in (*kurze Ausbildungsdauer)*
- Verwaltungsfachangestellte/r

d) <u>Elektrotechnik</u>

- Anlagenmechaniker/-in für Sanitär-, Heizungs- und Klimatechnik
- Automatenfachmann/-fachfrau
- Elektroanlagenmonteur/-in
- Elektroniker/-in
- Elektroniker/-in für Automatisierungstechnik
- Elektroniker/-in für Betriebstechnik
- Elektroniker/-in für Gebäude- und Infrastruktursysteme
- Elektroniker/-in für Geräte und Systeme
- Elektroniker/-in für Informations- und Systemtechnik
- Elektroniker/in – Maschinen und Antriebstechnik
- Fachkraft für Automatenservice
- Fachkraft für Veranstaltungstechnik
- Industrieelektriker/-in (*kurze Ausbildungsdauer)*
- Industriemechaniker
- Mechatroniker/-in
- Mechatroniker/-in für Kältetechnik
- Systemelektroniker/-in

e) Ernährung, Gastronomie und Hauswirtschaft

- Bäcker/-in
- Brauer und Mälzer/-in
- Brenner/-in
- Destillateur/-in
- Fachfrau/-mann für Systemgastronomie
- Fachkraft für Fruchtsafttechnik
- Fachkraft für Lebensmitteltechnik
- Fachkraft für Speiseeis
- Fachkraft im Gastgewerbe *(kurze Ausbildungsdauer)*
- Fachkraft Küche *(kurze Ausbildungsdauer)*
- Fachverkäufer/-in im Lebensmittelhandwerk
- Fleischer/-in
- Hauswirtschafter/-in
- Hotelfachfrau/-mann
- Hotelkaufmann/-frau
- Koch/Köchin
- Konditor/-in
- Milchwirtschaftliche/-r Laborant/-in
- Molkereifachmann/-frau
- Müller/-in (Verfahrenstechnologe in der Mühlen- und Futtermittelwirtschaft)
- Restaurantfachmann/-frau
- Süßwarentechnologe/-in
- Weintechnologe/-in
- Winzer/-in

f) Erziehung, Bildung, Pflege

- Altenpflegehelfer/-in
- Altenpfleger/-in

- Erzieher/-in
- Fachkraft für Hauswirtschaft und Sozialpflege
- Fachkraft für Pflegeassistenz
- Haus- und Familienpfleger/-in
- Heilerziehungspflegehelfer/-in
- Heilerziehungspfleger/-in
- Kinderpfleger/-in (Sozialpädagogische/r Assistent/-in)
- Pflegeassistent/-in
- Sozial- und Pflegeassistent/-in
- Sozialassistent/-in
- Sozialhelfer/-in
- Tanzlehrer/-in

g) Farb- und Raumtechnik,Holz,Papier, Glas und Kunststoff

- Bauten- und Objektbeschichter/-in
- Biologiemodellmacher/-in
- Bodenleger/-in
- Bogenmacher/-in
- Böttcher/-in
- Bürsten- und Pinselmacher/-in
- Diamantschleifer/-in
- Drechsler/-in
- Edelsteinfasser/-in
- Edelsteingraveur/-in
- Edelsteinschleifer/-in
- Feinoptiker/-in
- Figurenkeramformer/-in
- Flachglastechnologe/-in
- Flechtwerkgestalter/-in
- Geigenbauer/-in

- Gestalter/-in für visuelles Marketing
- Glas- und Porzellanmaler/-in
- Glasapparatebauer/-in
- Glasbläser/ -in
- Glaser/-in
- Glasmacher/-in
- Glasveredler/-in
- Handzuginstrumentenmacher/-in
- Holzbearbeitungsmechaniker/-in
- Holzbildhauer/-in
- Holzblasinstrumentenmacher/-in
- Holzmechaniker/-in
- Holzspielzeugmacher/ -in
- Industriekeramiker/-in Anlagentechnik
- Industriekeramiker/-in Dekorationstechnik
- Industriekeramiker/-in Modelltechnik
- Industriekeramiker/-in Verfahrenstechnik
- Keramiker/-in
- Klavier- und Cembalobauer/-in
- Leichtflugzeugbauer/-in
- Leuchtröhrenglasbläser/-in
- Maler/-in und Lackierer/-in
- Manufakturporzellanmaler/-in
- Objektbeschichter/ -in
- Orgel- und Harmoniumbauer/-in
- Packmitteltechnologe/-in
- Papiertechnologe, Papiertechnologin
- Parkettleger/-in
- Raumausstatter/-in
- Rollladen- und Sonnenschutzmechatroniker/ -in
- Seiler/-in
- Spielzeughersteller/-in
- Steinmetz/-in und Steinbildhauer/-in
- Technische/-r Modellbauer/-in

- Thermometermacher/-in
- Tischler/-in (Schreiner/-in)
- Verfahrensmechaniker/-in Brillenoptik
- Verfahrensmechaniker/-in für Beschichtungstechnik
- Verfahrensmechaniker/-in für Kunststoff- und Kautschuktechnik
- Verfahrensmechaniker/-in Glastechnik
- Verfahrensmechaniker/-in in der Hütten- und Halbzeugindustrie
- Vergolder/-in
- Wachszieher/-in
- Zupfinstrumentenmacher/-in

h) Gesundheit und Körperpflege

- Augenoptiker/-in
- Bestattungsfachkraft
- Diätassistent/-in
- Drogist/-in
- Ergotherapeut/-in
- Fachangestellte/-r für Bäderbetriebe
- Friseur/-in
- Gesundheits- und Kinderkrankenpfleger/-in
- Pflegefachfrau / Pflegefachmann (bisher: Gesundheits- und Krankenpfleger/in)
- Hebamme/Entbindungspfleger
- Hörgeräteakustiker/-in
- Kaufmann/-frau für Gesundheitswesen
- Kosmetiker/-in
- Logopäde/-in
- Masseur/-in und medizinische/r Bademeister/-in

- Medizinisch-technische/r Assistent/-in
- Medizinische/r Fachangestellte/r
- Notfallsanitäter/-in (Rettungsassistent/in)
- Operationstechnische/r Assistent/-in
- Orthopädieschuhmacher/-in
- Orthopädietechnikmechaniker/-in
- Pharmazeutisch-kaufmännische/-r Angestellte/-r
- Pharmazeutisch-technische/r Assistent/-in
- Physiotherapeut/-in
- Rettungssanitäter/-in
- Sport- und Fitnesskaufmann /-frau
- Zahnmedizinische/-r Fachangestellte/-r
- Zahntechniker/-in

i) <u>Information und Telekommunikation</u>

- Fachangestellte/r für Medien- und Informationsdienste
- Fachinformatiker/-in
- Informatikkaufmann/-frau
- Informationselektroniker/-in
- IT-System-Elektroniker/-in
- Medical Data Manager
- Mikrotechnologe/-in

j) <u>Medien- und Drucktechnik</u>

- Buchbinder/-in
- Bühnenmaler/-in und -plastiker/-in
- Film- und Videoeditor/-in
- Fotograf/-in

- Kaufmann/-frau für audiovisuelle Medien
- Maskenbildner/-in
- Gestalter/-in für immersive Medien
- Mediengestalter/-in Bild und Ton
- Mediengestalter/-in Digital und Print
- Mediengestalter/-in Flexografie
- Medienkaufmann/-frau Digital und Print
- Medientechnologe/-in Druck
- Medientechnologe/-in Druckverarbeitung
- Medientechnologe/-in Siebdruck
- Schilder- und Lichtreklamehersteller/-in
- Steindrucker/-in
- Veranstaltungskaufmann/-frau

k) **Metalltechnik**

- Anlagenmechaniker/-in
- Behälter- und Apparatebauer/-in
- Bergbautechnologe/-in
- Büchsenmacher/-in
- Chirurgiemechaniker/-in
- Edelmetallprüfer/-in
- Fachkraft für Metalltechnik (*kurze Ausbildungsdauer*)
- Feinpolierer/-in
- Feinwerkmechaniker/-in
- Fertigungsmechaniker/-in
- Gießereimechaniker/-in
- Goldschmied/-in
- Graveur/-in
- Klempner/-in
- Konstruktionsmechaniker/ -in

- Maschinen- und Anlagenführer/-in (*kurze Ausbildungsdauer)*
- Metall- und Glockengießer/-in
- Metallbauer/-in
- Metallbildner/-in
- Metallblasinstrumentenmacher/-in
- Schneidwerkzeugmechaniker/-in
- Silberschmied/-in
- Stanz- und Umformmechaniker/-in
- Uhrmacher/-in
- Vorpolierer/-in (*kurze Ausbildungsdauer)*
- Werkgehilfe/gehilfin in der Schmuckwarenindustrie, Taschen- und Armbanduhren
- Werkzeugmechaniker/-in
- Zerspanungsmechaniker/-in

l) <u>Pflanzen und Tiere</u>

- Fischwirt/-in
- Florist/-in
- Forstwirt/-in
- Garten- und Landschaftsbauer/-in
- Gärtner/-in
- Landwirt/-in
- Pferdewirt/-in
- Revierjäger/-in
- Tiermedizinische/r Fachangestellte/r
- Tierpfleger/-in
- Tierwirt/-in

m) Polizei-Berufe

- Justizvollzugsdienst
- Polizeivollzugsbeamte/r -mittlerer Dienst
- Polizeivollzugsbeamte/r Bundespolizei
- Zollbeamte/r – mittlerer Dienst

n) Textil-, Bekleidungs- und Ledertechnik

- Änderungsschneider/-in (*kurze Ausbildungsdauer)*
- Assistent/-in in Mode und Design
- Fachkraft für Lederverarbeitung (*kurze Ausbildungsdauer)*
- Feinsattler/-in
- Feintäschner/-in
- Gerber/-in
- Handschuhmacher/-in
- Herrenschneider/-in
- Hut- und Mützenmacher/-in
- Kürschner/-in
- Maßschneider/-in
- Maßschuhmacher/-in
- Modedesigner/-in
- Modenäher/-in (*kurze Ausbildungsdauer)*
- Modeschneider/-in
- Modist/-in
- Pelzveredler/-in
- Polster- und Dekorationsnäher/-in (*kurze Ausbildungs-dauer)*
- Polsterer/Polsterin
- Produktgestalter/-in Textil
- Produktionsmechaniker/-in – Textil
- Produktprüfer/-in Textil (*kurze Ausbildungsdauer)*

- Produktveredler/-in – Textil
- Sattler/-in
- Tapisserist/-in
- Täschner/-in
- Technische/-r Konfektionär/-in
- Textilgestalter/-in im Handwerk
- Textilreiniger/-in

o) Transport und Verkehr

- Berufskraftfahrer/-in
- Binnenschiffer/-in
- Bootsbauer/-in
- Eisenbahner/-in im Betriebsdienst
- Ewerführer/-in
- Fachkraft für Hafenlogistik
- Fachkraft für Kurier-, Express- und Postdienstleistungen *(kurze Ausbildungsdauer)*
- Fachkraft für Straßen- und Verkehrstechnik
- Fachkraft im Fahrbetrieb
- Fluggerätelektroniker/-in
- Fluggerätmechaniker/-in
- Hafenschiffer/-in
- Kaufmann/-frau für Verkehrsservice
- Kaufmann/-frau im Eisenbahn- und Straßenverkehr
- Kaufmann/frau für Spedition und Logistikdienstleistung
- Luftverkehrskaufmann/-frau
- Reiseverkehrskaufmann/-frau
- Schifffahrtskaufmann/-frau
- Schiffszimmerer/-zimmerin
- Servicefahrer/-in *(kurze Ausbildungsdauer)*
- Segelmacher/-in

- Servicekaufmann/-frau im Luftverkehr
- Straßenwärter/-in

p) <u>Umwelttechnik, Biologie, Physik, Chemie</u>

- Baustoffprüfer/-in
- Biologielaborant/-in
- Biologisch-technische/r Assistent/-in
- Biotechnologische/r Assistent/-in
- Chemielaborant/-in
- Chemielaborjungwerker/-in. *(kurze Ausbildungsdauer)*
- Chemikant
- Chemisch-technische/r Assistent/-in
- Denkmaltechnische/r Assistent/-in
- Fachkraft für Abwassertechnik
- Fachkraft für Kreislauf- und Abfallwirtschaft
- Fachkraft für Rohr-, Kanal- und Industrieservice
- Fachkraft für Wasserversorgungstechnik
- Feuerwehrmann/-frau
- Film- und Videolaborant
- Gebäudereiniger/-in
- Geomatiker/-in
- Lacklaborant/-in
- Landwirtschaftlich-technische/r Assistent/-in
- Pharmakant/-in
- Physikalisch-technische/r Assistent/-in
- Physiklaborant/-in
- Produktionsfachkraft Chemie *(kurze Ausbildungsdauer)*
- Schädlingsbekämpfer/-in
- Schornsteinfeger/-in
- Stoffprüfer/-in
- Textillaborant/-in

- Umweltschutztechniker/-in
- Umweltschutztechnische/r Assistent/-in
- Veterinärmedizinisch-technische/r Assistent/-in
- Werkfeuerwehrmann/Werkfeuerwehrfrau.
- Werkstoffprüfer/-in
- Wirtschaftsassistent/-in Fachrichtung Umweltschutz

Ausbildung bei der Bundeswehr

Viele Ausbildungsberufe lassen sich auch bei der Bundeswehr als ausbildenden Betrieb absolvieren. Grund hierfür ist, dass die Streitkräfte über einen relativ breit gefächerten Bereich verfügen, wo Zivilangestellte ihre Arbeit verrichten. Dies dient in erster Linie zur Sicherstellung, Versorgung und Verwaltung der Strukturen und Abläufe innerhalb der Bundeswehr. Dort werden die annähernd 300.000 Soldaten der Bundeswehr von etwa 80.000 Zivilkräften unterstützt. Dafür stehen jährlich rund 1.400 Ausbildungsplätze zur Verfügung und es lohnt sich, diese Möglichkeit als Karrierestart in Betracht zu ziehen.

Die Ausbildung dauert auch hier, abhängig vom Ausbildungsberuf, zwischen 2 und 3,5 Jahren. Maßgeblich für die Grundlagen, den Ablauf und die Inhalte der Berufsausbildung und der entsprechenden Prüfungen sind auch hier das Berufsbildungsgesetz (BBiG), die Handwerksordnung (HwO) und die jeweilige Ausbildungsverordnung. Der theoretische Unterricht erfolgt an der herkömmlichen Berufsschule und die praktische Ausbildung am Arbeitsplatz innerhalb der Bundeswehr. Die Ausbildung endet mit einer Abschlussprüfung vor der zuständigen Kammer.

Nach Abschluss der Ausbildung kann man seine berufliche Laufbahn im zivilen Bereich der Bundeswehr fortsetzen, in jeden anderen Betrieb wechseln oder aber auch eine Karriere als Soldat oder Soldatin einschlagen.

Folgende Ausbildungsberufe (sortiert nach Berufsfeldern) lassen sich bei der Bundeswehr absolvieren (Die Darstellung erhebt keinen Anspruch auf Vollständigkeit):

a) <u>Automobile</u>

- Karosserie- und Fahrzeugbaumechaniker/-in
- Kraftfahrzeugmechatroniker/-in
- Mechaniker/-in für Reifen und Vulkanisationstechnik

b) <u>Büro, Verwaltung, Handel und Kundenberatung</u>

- Fachkraft für Lagerlogistik
- Fachlagerist/-in
- Kaufmann/Kauffrau für Büromanagement
- Verwaltungsfachangestellte/r

c) <u>Elektrotechnik</u>

- Elektroniker/-in
- Elektroniker/-in für Automatisierungstechnik
- Elektroniker/-in für Betriebstechnik
- Elektroniker/-in für Gebäude- und Infrastruktursysteme
- Elektroniker/-in für Geräte und Systeme
- Elektroniker/-in für Informations- und Systemtechnik
- Elektroniker/in – Maschinen und Antriebstechnik
- Industriemechaniker/-in
- Mechatroniker/-in

d) **Ernährung, Gastronomie und Hauswirtschaft**

- Koch/Köchin

e) **Farb- und Raumtechnik,Holz,Papier, Glas und Kunststoff**

- Holzmechaniker/-in
- Maler/-in und Lackierer/-in
- Objektbeschichter/ -in
- Tischler/-in (Schreiner/-in)

f) **Gesundheit und Körperpflege**

- Fachangestellte/r für Bäderbetriebe
- Kaufmann/-frau für Gesundheitswesen
- Medizinische/r Fachangestellte/r
- Pharmazeutisch-kaufmännische Angestellte
- Zahnmedizinische/r Fachangestellte/r

g) **Information und Telekommunikation**

- Fachangestellte/r für Medien- und Informationsdienste
- Fachinformatiker/-in
- Informationselektroniker/-in
- IT-System-Elektroniker/-in

h) **Metalltechnik**

- Anlagenmechaniker/-in
- Feinwerkmechaniker/-in
- Konstruktionsmechaniker/ -in
- Metallbauer/-in

i) **Pflanzen und Tiere**

- Gärtner/-in
- Tiermedizinische/r Fachangestellte/r

j) **Transport und Verkehr**

- Bootsbauer/-in
- Fluggeräteelektroniker/-in
- Fluggerätemechaniker/-in

k) **Umwelttechnik, Biologie, Physik, Chemie**

- Baustoffprüfer/-in
- Chemielaborant/-in
- Feuerwehrmann/-frau
- Geomatiker/-in
- Werkstoffprüfer/-in

2. Berufseinstieg ohne Ausbildung mit anschließender Aufstiegs-Qualifizierung oder Nachholung des Berufsabschlusses

Immer noch ist es die gängige Annahme, dass nur eine Ausbildung der Wegbereiter für eine berufliche Karriere sein kann. Diesem Leitbild folgt bis heute alles. Wer gleich im Anschluss an die Schule keinen Ausbildungsplatz ergattern konnte, der steht oft mit leeren Händen da und vor allem ohne alternative Ideen. Dabei gibt es diese Alternativen durchaus und sie sind sogar gesetzlich geregelt.

In die Schule gehen, dann eine akademische oder berufliche Ausbildung abschließen und dann in den Beruf starten: So sieht oft der typische Bildungsweg bis zum Berufseinstieg aus. Allerdings läuft das Leben nicht immer nach Plan und nicht jeder will den traditionellen Weg gehen. Manche legen nach der Schule vielleicht eine Pause ein, reisen ins Ausland und ergattern dort mehr oder weniger geplant einen Job. Manche erkennen aber auch während ihrer Ausbildung, dass die Tätigkeit nichts für sie ist und sie beenden die Ausbildung. Wieder andere hatten während ihrer Schulzeit vielleicht einen Nebenjob und sind dann einfach in Vollzeit dort geblieben.

So mancher und so manche legen später aus den verschiedensten Gründen Wert auf einen staatlich anerkannten Abschluss. Sei es, um sich beruflich neu zu orientieren, auf der Karriereleiter weiter aufzusteigen oder aber, um nun doch noch ein Studium zu beginnen.
Die Möglichkeiten sind durchaus vielfältig, das Ziel bestimmt den optimalen Weg.

a) Weg über eine Aufstiegsqualifizierung

Die Zulassung zu anerkannten Aufstiegsqualifizierungen ist an Zulassungsvoraussetzungen geknüpft. In der Regel wird eine entsprechende Berufsausbildung und danach eine mehrjährige Berufspraxis verlangt. Wer keine Berufsausbildung besitzt, der kann aber dennoch zugelassen werden, soweit eine einschlägige Berufspraxis nachgewiesen wird.
Diese Regelungen weichen bei einzelnen Qualifizierungszielen hinsichtlich der geforderten Jahre an Berufspraxis voneinander ab.

Grundsätzlich wird aber bei allen Aufstiegsqualifizierungen eine fehlende Berufsausbildung durch eine entsprechende Anzahl von Berufsjahren ersetzt. Somit steht jedem und jeder auch dieser Weg der beruflichen Karriere offen. Auch Abschlüsse oder Berufserfahrungen im Ausland können berücksichtigt werden. Als Mindestzeit dieser praktischen Tätigkeit muss man die eineinhalbfache Dauer der üblichen Ausbildungszeit nachweisen können. Dazu zählen auch Ausbildungszeiten in einem anderen einschlägigen Ausbildungsberuf. Bei der Mehrzahl der Berufe kann man also von viereinhalb Jahren Berufspraxis ausgehen.

Wer auch die Mindestzeit an beruflicher Tätigkeit nicht nachweisen kann, aber auf andere Weise darlegt, dass die für einen Prüfungserfolg erforderlichen beruflichen Fähigkeiten vorhanden sind, kann dennoch eine Zulassung beantragen. Die beruflichen Fähigkeiten können beispielsweise durch entsprechende Zertifikate belegt werden, wenn längere und fundierte berufliche Qualifizierungsmaßnahmen durchlaufen wurden. Diese müssen aber mindestens die reguläre Ausbildungszeit des entsprechenden Berufes umfasst haben.

b) Nachholung des Berufsabschlusses

Doch auch der Berufsabschluss an sich lässt sich generell nachholen. Dies erfolgt in der Regel über den Weg der sogenannten Externenprüfung. Hierzu müssen die Kandidatinnen und Kandidaten in ihrer Berufspraxis aber sämtliche Tätigkeitsbereiche durchlaufen haben, die für das jeweilige Berufsbild typisch sind. Zur Vorbereitung auf diese Prüfung bieten viele Bildungsträger entsprechende Vorbereitungslehrgänge an.

Die Anforderungen in der Externenprüfung sind identisch mit denen, die an Auszubildende des jeweiligen Berufs gestellt werden. Die Prüfungen haben theoretische und fachpraktische Anteile und werden in der Regel gemeinsam mit den Auszubildenden abgelegt.

Menschen mit Behinderungen können infolge ihrer individuellen Beeinträchtigungen Nachteile beim Erbringen von Leistungsnachweisen entstehen. Aus diesem Grund haben sie die Möglichkeit, bei der jeweiligen Prüfung entsprechende Nachteilsausgleiche geltend zu machen, die dann zu einer Modifikation der Prüfung führen können.

Geregelt ist die Zulassung zur Externenprüfung in § 45 Absatz 2 BBiG (Berufsbildungsgesetz) und in § 37 Absatz 2 HwO (Handwerksordnung).

Praktische Beispiele für Strategien beruflicher Zielerreichung finden Sie in Teil II Punkt 4 dieses Buches.

c) Exkurs: Teilqualifizierung

In Deutschland sind Job-Chancen und auch Einkommen nach Expertenansicht viel zu sehr von formalen Nachweisen über erworbene Bildungs- und Berufsabschlüsse abhängig. Dabei können gerade auch die im Alltag oder bei verschiedenen Tätigkeiten erworbenen Fähigkeiten von großem Interesse sein. Sie bieten oftmals Potenziale, die weitestgehend ungenutzt bleiben und aus Unkenntnis verkümmern. Schon bei der Bewerberauswahl werden hierbei Chancen vergeben. Denn es ist bereits seit langem bekannt, dass etwa 70 Prozent des Wissenserwerbs außerhalb von formalen Bildungsinstitutionen stattfindet und damit ohne formellen Abschluss bleibt. Non-formales und informelles Lernen begleitet jeden Menschen ein Leben lang und ist damit ein sehr bedeutsamer Bildungsfaktor.

In diesem Zusammenhang kann die Idee der Teilqualifikation durchaus als möglicher Lösungsansatz für die Zukunft erachtet werden. Unter Teilqualifikationen versteht man abgegrenzte, standardisierte Einheiten innerhalb einer Gesamtstruktur, die sich an betrieblichen Arbeits- und Geschäftsprozessen ausrichten und inhaltlich Teile eines anerkannten Ausbildungsberufs darstellen. Mehrere Teilqualifikationen können zum Berufsabschluss durch die Abschlussprüfung führen.

Jede Teilqualifizierung muss so konzipiert sein, dass sie den Teilnehmenden die Integration in den ersten Arbeitsmarkt ermöglicht. Die einzelnen Teilqualifikationen müssen in der Summe alle Aspekte eines Berufsbilds abdecken. Der Berufsabschluss wird hier ebenfalls über eine Externenprüfung ermöglicht.

Dabei sind Teilqualifikationen in sich geschlossene Einheiten, die in ihrer Gesamtheit den Inhalt eines staatlich anerkannten Ausbildungsberufes widerspiegeln. Allerdings müssen die einzelnen Teile oder Etappen nicht ununterbrochen und hintereinander absolviert werden. In der Gestaltung der Abläufe ist jeder Interessierte relativ frei.

Nach Abschluss der jeweiligen Teilqualifikation finden eine theoretische und eine praktische Kompetenzfeststellung statt. Die Inhalte sind weitgehend standardisiert und werden bei erfolgreichem Nachweis mittels Zertifikat bescheinigt. Hierdurch erfolgt eine schrittweise Vorbereitung auf die Prüfung im entsprechenden, anerkannten Ausbildungsberuf.

Um die Möglichkeit einer Teilqualifikation aufgrund bisheriger beruflicher Erfahrung ins Auge zu fassen, gibt es mit **MYSKILLS** einen theoretischen Test. Anhand eines komplexen Fragenkatalogs kann überprüft werden, ob ausreichend Kenntnisse vorhanden sind, um eine entsprechende berufliche Teilprüfung erfolgreich zu absolvieren. Allerdings umfasst dieses Testverfahren bisher nur relativ wenige Berufsbilder und ist insgesamt wohl noch ausbaufähig.

Ein ähnlicher Ansatz wird mit dem Programm **VALIKOM** verfolgt. Hier werden berufsspezifische Kompetenzen von Experten bewertet und validiert. Das hiernach ausgestellte Validierungs-Zertifikat berechtigt zum Zugang für eine Externenprüfung bezüglich des in Rede stehenden Berufsbildes oder zu einer entsprechenden Aufstiegsweiterbildung. Auch hier ist der Umfang der bisher involvierten Berufsbilder noch deutlich ausbaufähig.

Das Projekt **Initiative Etapp** hingegen geht noch einen Schritt weiter. Hier sollen Teilqualifikationen standardisiert werden, um Transparenz und direkte Verwertbarkeit für den Arbeitsmarkt zu ermöglichen. Aber auch hier steckt vieles noch in den Startlöchern, der Umfang der Möglichkeiten ist bisher übersichtlich und die Laufzeit des Projekts vorerst beschränkt.

Mit deutscher Gründlichkeit ist man auch auf dem Gebiet der Teilqualifikationen dabei, ein interessantes Phänomen arbeitsmarktlicher Entwicklung zu bürokratisieren und in ein einheitliches System zu pressen. Dabei läuft die Entwicklung berufsspezifischer Kenntnisse und Fertigkeiten

aber der Ordnungsarbeit deutscher Bildungstheoretiker schon seit Jahren davon. Es bleibt zu wünschen, dass Teilqualifikationen in naher Zukunft einer flexiblen Anerkennung auf Expertenbasis zugänglich sind, um nicht die Zukunft auszubremsen.
Dabei ist das Phänomen der Teilqualifikation nicht ganz neu. Auch schon in der ehemaligen DDR gab es den Beruf des Teilfacharbeiters. Allerdings war diese Ausbildung gesetzlich geregelt und beinhaltete alle Details einer klassischen Ausbildung. Im Zuge der deutschen Einheit wurde den Teilfacharbeiterinnen und Teilfacharbeitern allerdings die Anerkennung versagt. Vielmehr stellte man sie mit Personen gleich, die eine berufsvorbereitende Maßnahme absolviert hatten. Dies war in den meisten Fällen eine klassische Abwertung der ohne Zweifel erworbenen Kenntnisse und Fähigkeiten vor allem auf praktischem Gebiet.

Insofern ist es nicht verwunderlich, dass es auch heute wieder Kritik an der Teilqualifizierung gibt, wenn auch aus weitgehend anderen Gesichtspunkten.

Inzwischen wird vor allem von Gewerkschaftsseite eingeworfen, dass Teilqualifikationen keinerlei positive Wirkung auf das Problem des Fachkräftemangels haben. Vielmehr besteht dort die Sorge, dass damit prekäre Arbeitsverhältnisse manifestiert werden, um schlussendlich auch das Tarifsystem zu unterlaufen. Dieses orientiere sich schließlich am Ordnungsprinzip der staatlich anerkannten Ausbildungsberufe. Die Teilqualifikation aber würde diese Ausbildungsstruktur zerstückeln.

Ob derlei Widerstand geeignet ist, die Entwicklung am Arbeitsmarkt auszubremsen, das darf bezweifelt werden. Ohnehin wäre es Sache der Gewerkschaften, auch Teilqualifikationen als ordentliche Arbeit zu akzeptieren und in ihr Tarifgefüge aufzunehmen. Zumal gerade diese Möglichkeit der Qualifizierung für viele Menschen mit Problemen des theoretischen Teils einer Ausbildung der schnellste Weg ist, sich auch mittels Arbeit eine Existenz in diesem Land aufzubauen. Ohnehin schreitet die Entwicklung am Arbeitsmarkt schneller voran als dass sich Neuentwicklungen unmittelbar in den Ausbildungsordnungen wiederfinden. Statt Teilqualifikationen zu verteufeln, sollte man diese als akzeptable Form des Übergangs begreifen. Dass durch learning by doing erlangte Kenntnisse und Fertigkeiten durchaus und auch schon heute Anerkennung genießen, das wird anhand der Externenprüfungen sichtbar, die sowohl bei den Ausbildungsberufen als auch bei den qualifizierten Berufsabschlüssen möglich sind (**dazu näher unter Punkt II d, gleich im Anschluss**).

d) Externenprüfung

Die Motivationen, nach dem Abschluss der Schule keine Ausbildung aufzunehmen, sind durchaus unterschiedlicher Natur. Viele haben erst einmal genug vom Lernen und wollen schnellstmöglich Geld verdienen. Andere wiederum bekommen einfach keinen Ausbildungsplatz, der ihren Neigungen und Wünschen entspricht. In solchen oder ähnlichen Situationen nehmen junge Menschen auch gern das Heft des Handelns in die Hand und fangen einfach an, sich als Ungelernte in das System Arbeit einzufügen. Dabei werden natürlicherweise Erfahrungen gesammelt, Kenntnisse und Fertigkeiten entwickeln sich stetig fort und in vielen Fällen gehören sie auch ohne Berufsabschluss längst zum unverzichtbaren Team der Belegschaft.

So mancher entscheidet sich, wieder aus den unterschiedlichsten Beweggründen, zu einem späteren Zeitpunkt, einen Berufsabschluss für seine jahrelang ausgeführte oder eine ähnliche Tätigkeit zu absolvieren. Bei derlei Überlegungen kommt die sogenannte Externenprüfung ins Spiel. Mit einer solchen nachträglichen Abschlussprüfung kann man sich seine erworbene Profession amtlich bestätigen lassen, was auch am Arbeitsmarkt wiederum neue Türen öffnen kann. Dabei ist es nicht einmal zwingend, einen bestimmten Ausbildungsberuf ohne Ausbildungszeit mit einer Prüfung zu erlangen, es gelingt mit entsprechendem Kenntnisstand sogar der Sprung zu einem qualifizierten Abschluss. Wer also nach der Schule ständig bei der Suche nach einem Ausbildungsplatz scheitert, der kann über den direkten Weg der Beschäftigung auch noch jedes berufliche Ziel erreichen.

Diese Möglichkeiten sind gesetzlich geregelt und finden sich im § 45 BBiG (Berufsbildungsgesetz) bzw. § 37 HwO (Handwerksordnung) für die Externenprüfung in den einzelnen Ausbildungsberufen.
Wer gleich den Sprung zur Meisterprüfung oder zu einem anderen qualifizierten Abschluss wagen will, der findet in jeder entsprechenden Weiterbildungsverordnung dazu Einzelheiten. Diese Zulassungsvoraussetzungen finden sich im Überblick für jeden qualifizierten Berufsabschluss **unter Punkt II 3** in diesem Buch. Die jeweilige Rechtsverordnung und auch das BBiG und die HwO sind unter **www.tempbus.de/rechtsgrundlagen** abrufbar.

Die wichtigste Voraussetzung ist eine mehrjährige Berufserfahrung, die in der Regel 1,5 Mal so lang sein muss wie die Ausbildungszeit im Wunschberuf. Alternativ können auch Zeugnisse oder Berufserfahrung im Ausland als Qualifikation ausreichen. Die Entscheidung über eine Zulassung zur Prüfung entscheidet die zuständige Kammer (IHK oder Handwerkskammer). Die Anmeldung mit Formular und detaillierten Angaben zur Person und zur Berufserfahrung kann zweimal im Jahr erfolgen. Termine und Bewerbungsfristen lassen sich vor Ort erfragen. Einzelne Institutionen bieten speziell auf die Prüfung zugeschnittene Vorbereitungskurse an, die hilfreich sein können aber deren Inanspruchnahme nicht verpflichtend ist.

e) Sonderregelung: Fachpraktiker-Ausbildung (Fachwerker)

Nicht jeder Mensch ist frei in seiner Entscheidung zur Berufswahl. Menschen mit Handicaps stoßen dabei regelmäßig an Grenzen. Hier soll und muss der Kerngedanke der Inklusion zum Tragen kommen. Deutschland hat sich bereits vor Jahren zur Behindertenrechtskonvention der Vereinten Nationen bekannt und diese vollständig ratifiziert. Damit sind die dort formulierten Rechte auch geltendes Recht in Deutschland. Allein die Umsetzung lässt vielfach auf sich warten, so auch bei der Berufsausbildung.

Während Menschen mit körperlichen Defiziten vor allem darauf angewiesen sind, dass entsprechende Hilfen und Nachteilsausgleiche zur Verfügung stehen, geht es bei Menschen mit geistigen Einschränkungen vor allem um Verständnisdefizite. Um das Potenzial an Fachkräften bei Menschen mit Behinderungen nicht generell den Werkstätten zu überlassen, die vielfach eine Sachgasse beruflicher Entwicklung darstellen, sind besondere Ausbildungsformen für Menschen mit Lernschwierigkeiten geschaffen worden.

Diese Ausbildung ist auf Menschen ausgerichtet, die aufgrund einer Lernbehinderung die theoretischen Anforderungen einer Regelausbildung nicht ganz erfüllen und ihre Stärken eher im praktischen Bereich haben. Zwingende Voraussetzung für diese Ausbildung ist die Feststellung durch den berufspsychologischen Service.

Bei einer Ausbildung zum Fachpraktiker bzw. Fachwerker ist der Theorieanteil reduziert und der fachpraktische Inhalt der Ausbildung stärker gewichtet. Daher wird diese Form der Ausbildung auch oft als theoriereduzierte Ausbildung bezeichnet. Konsequenterweise werden auch bei den Prüfungen die fachpraktischen Inhalte im Vergleich zur Fachtheorie stärker berücksichtigt. Rechtliche Grundlage für die Ausbildung zum Fachpraktiker bzw. Fachwerker sind § 66 BBiG (Berufsbildungsgesetz) und § 42r HwO (Handwerksordnung).

Speziell ausgestattete Bildungseinrichtungen mit geeigneten Werkstätten, Sonderberufsschulen und sozialpädagogisch geschulten Mitarbeitern bieten solche Fachwerkerausbildungen an. Die Ausbildung zum Fachpraktiker bzw. Fachwerker dauert in der Regel 3 Jahre und schließt mit einer regulären Prüfung ab.

Derzeit gibt es in Deutschland, regional allerdings mit unterschiedlichem Umfang, folgende Möglichkeiten einer Fachpraktiker-Ausbildung (sortiert nach Berufsfeldern):

Automobile

- Fachpraktiker/-in für Fahrzeugpflege
- Fachpraktiker/-in für Kfz-Mechatroniker
- Fachpraktiker/-in für Land- und Baumaschinentechni
- Karosseriebearbeiter/-in

- Zweiradmechanikerwerker/-in

Bautechnik

- Fachpraktiker/-in für Dachdecker
- Fachpraktiker/-in für Hochbaufacharbeiter
- Fachpraktiker/-in für Tiefbaufacharbeiter
- Fachpraktiker/-in im Ausbaufachwerk

Büro, Verwaltung, Handel und Kundenberatung

- Fachpraktiker/-in für Büromanagement
- Fachpraktiker/-in für Dialogmarketing
- Fachpraktiker/-in für Lagerlogistik
- Fachpraktiker/-in im Gebäudeservice
- Fachpraktiker/-in im Verkauf
- Fachpraktiker/-in Möbel-, Küchen- und Umzugsservice
- Fachpraktiker/-in im Nahrungsmittelverkauf
- Telefonist/-in

Elektrotechnik

- Fachpraktiker/-in für Anlagenmechaniker SHK
- Fachpraktiker/-in elektronische Systeme
- Fachpraktiker/-in für Elektroniker
- Fachpraktiker/-in für Industriemechanik

Ernährung, Gastronomie und Hauswirtschaft

- Fachpraktiker/-in für Bäcker
- Fachpraktiker/-in für Fleischer
- Fachpraktiker/-in im Gastgewerbe
- Fachpraktiker/-in Hauswirtschaft

- Fachpraktiker/-in für Konditor
- Fachpraktiker/-in Küche
- Fachpraktiker/-in für Winzer

Erziehung, Bildung, Pflege
- Fachpraktiker/-in Service in sozialen Einrichtungen
- Fachpraktiker/-in für personenbezogene Dienstleistungen

Farb- und Raumtechnik,Holz,Papier, Glas und Kunststoff
- Fachpraktiker/-in für Bürstenherstellung
- Fachpraktiker/-in für Holzverarbeitung
- Fachpraktiker/-in für Maler und Lackierer
- Raumausstatterwerker/-in

Gesundheit und Körperpflege
- Fachpraktiker/-in für Friseur
- Fachpraktiker/-in für Orthopädietechnik
- Fachpraktiker/-in im Gesundheitswesen

Information und Telekommunikation
- Fachpraktiker/-in für Informationstechnik-Systemelektronik
- Fachpraktiker/-in für Informationstechnik-Systemintegration

Medien- und Drucktechnik
- Fachpraktiker/-in für Buchbinderei

- Fachpraktiker/-in für Medientechnologe Druck
- Fachpraktiker/-in für Medientechnologe Druckverarbeitung

Metalltechnik

- Fachpraktiker/-in für Konstruktionsmechanik
- Fachpraktiker/-in für Metallbau
- Fachpraktiker/-in für Metalltechnik
- Fachpraktiker/-in für Technisches Produktdesign
- Fachpraktiker/-in Feinwerktechnik
- Fachpraktiker/-in für Zerspanungsmechanik
- Industriefachhelfer/-in
- Schmuckwerker/-in
- Schweißwerker/-in

Pflanzen und Tiere

- Fachpraktiker/-in für Landwirt
- Fachpraktiker/-in für Pferdewirt
- Fachpraktiker/-in für Tierpflege
- Fachpraktiker/-in im Gartenbau
- Fachpraktiker/-in in der Floristik

Textil-, Bekleidungs- und Ledertechnik

- Fachpraktiker/-in im Damenschneiderhandwerk
- Fachpraktiker/-in Näherei, Schneiderei
- Schäftemacher/-in
- Fachpraktiker/-in für Textilreiniger

Umwelttechnik, Biologie, Physik, Chemie

- Fachpraktiker/-in für Gebäudereiniger

• Fachpraktiker/-in für Kreislauf- und Abfallwirtschaft

Kritik an der Fachpraktiker-Ausbildung

Das Gesetzes zur UN-Behindertenkonvention ist in Deutschland bereits seit dem Jahre 2009 geltendes Recht, welches von allen staatlichen Stellen umgesetzt werden muss. Doch von einer inklusiven Gesellschaft ist man hierzulande immer noch weit entfernt. Deutliche Kritik kam zuletzt von der UN-Menschenrechtskonvention, die bei ihren turnusmäßigen Überprüfungen vor allem die Separierung von behinderten Menschen in Förderschulen kritisierte. Laut der Konvention widerspricht schon allein die Existenz von Förderschulen dem völkerrechtlichen Abkommen. In keinem anderen Land werden mehr Menschen mit Behinderung in Sondereinrichtungen aussortiert als in der Bundesrepublik.

Mit der Fachpraktiker-Ausbildung ist daneben ein weiteres Feld zur Separierung behinderter Menschen geschaffen worden. Diese Ausbildungsform ist ausschließlich für behinderte Menschen zugänglich (§ 66 BBiG/§ 42r HwO). Selbst wenn die Ausbildung in einem Fachpraktiker-Beruf selbstbestimmten Berufszielen folgt und in eine sozialversicherungspflichtige Tätigkeit am ersten Arbeitsmarkt führt, trägt sie zur Verfestigung von Bildungs- und Arbeitsmarktungleichheiten bei.

Ein „vollwertiger“ Abschluss eines allgemein anerkannten Ausbildungsberufes kann in der Regel erst in einem weiteren Schritt erreicht werden. Doch genau da kommen die behinderungsspezifischen Nachteile ins Spiel, die bereits den meisten Betroffenen seit der Schulzeit zum Nachteil gereichen. Separierender Unterricht und außerbetriebliche Ausbildungen in Sondereinrichtungen müssen in naher Zukunft zugunsten eines inklusiven beruflichen Unterrichts und dualer Regelausbildung abgebaut werden.

Alle Unterstützung, die Menschen mit Behinderungen bei einem Träger erhalten, kann auch für eine reguläre Ausbildung organisiert werden. Insofern muss man den personellen und sächlichen Aufwand lediglich anders kanalisieren. Die Fachpraktiker-Ausbildung kann und darf lediglich ein Übergangssystem zur Verwirklichung der Inklusion darstellen. Der Fokus der Berufsorientierung muss sich bereits heute daran orientieren, um eine Verstetigung des Sonderweges in der Ausbildung für künftige Generationen zu vermeiden.

Aus beschäftigungspraktischer Sicht ist bis dahin eine Teilqualifizierung die bessere Alternative (**siehe unter II 2c**).

3. Varianten des Einstiegs in einen qualifizierten Beruf

Jede anerkannte Qualifizierung erfordert gewisse Zugangsvoraussetzungen, die vor allem auf vorangegangener fachlicher Ausbildung und/<u>oder</u> auf praktischer Erfahrung basieren. Hier können sich vielfältige Möglichkeiten eröffnen, mit denen man sich bereits im Stadium der Berufswahl auseinandersetzen sollte.

In der folgenden Übersicht finden Sie die Aufzählung aller Qualifikationsberufe, die mit einer staatlich anerkannten Bezeichnung enden. Ergänzt wird die Darstellung mit den jeweils erforderlichen Einstiegsvoraussetzungen.

Vervollständigt wird die Darstellung mit dem umfangreichen Komplex der allgemeinen Weiterbildungen. Untergliedert wird die Abhandlung vor allem danach, ob die jeweilige Qualifizierung in die Zuständigkeit der IHK oder der Handwerkskammer fällt.

Weiterführende Einzelheiten zu den Inhalten, Zugangserfordernissen, Prüfungsregelungen und eine **Sammlung aller rechtlichen Grundlagen der Aus- und Weiterbildungsberufe** findet man unter **www.tempbus.de/berufswelt**.

Qualifikationsfelder

a) **Betriebswirte**
b) **Fachberater**
c) **Fachkaufleute**
d) **Fachmeister IHK**
e) **Fachwirte IHK**
f) **Fremdsprachen**
g) **Handwerksmeister**
h) **Industriemeister IHK**
i) **weitere gewerblich-technische Weiterbildungen**
j) **weitere kaufmännische Weiterbildungen**
k) **Allgemeine Weiterbildungen**

Qualifikationsberufe

a) Betriebswirte

Geprüfte/r Betriebswirt/-in nach Berufsbildungsgesetz

- eine mit Erfolg abgelegte IHK-Aufstiegsfortbildungsprüfung zum Fachwirt oder Fachkaufmann oder eine vergleichbare kaufmännische Fortbildungsprüfung nach dem Berufsbildungsgesetz

  oder
- eine mit Erfolg abgelegte staatliche oder staatlich anerkannte Prüfung an einer auf eine Berufsausbildung aufbauenden kaufmännischen Fachschule und eine anschließende mindestens dreijährige Berufspraxis

Geprüfte/r Betriebswirt/-in nach der Handwerksordnung

- eine erfolgreich abgelegte Meisterprüfung in einem Handwerk

  oder
- einen anerkannten Fortbildungsabschluss nach einer Regelung auf Grund des Berufsbildungsgesetzes zum/zur Industriemeister/-in, Fachwirt/-in, Fachkaufmann/-frau, zu einem/einer Fachmeister/-in oder einen Abschluss zum/zur Staatlich geprüften Techniker/-in oder einer staatlichen oder staatlich anerkannten Hochschule mit vergleichbaren Qualifikationen und eine mindestens einjährige Berufspraxis

  oder
- einen Fortbildungsabschluss mit anderen einschlägigen Qualifikationen und eine mindestens dreijährige Berufspraxis

Technische/r Betriebswirt/-in

- eine mit Erfolg abgelegte Prüfung zum/zur Industriemeister/-in oder eine vergleichbare technische Meisterprüfung oder eine mit Erfolg abgelegte staatlich anerkannte Prüfung zum/zur Techniker/-in

  oder
- eine mit Erfolg abgelegte Prüfung zum/zur Technischen Fachwirt/-in (IHK)

  oder
- eine mit Erfolg abgelegte, staatlich anerkannte Prüfung zum/zur Ingenieur/-in mit wenigstens zweijähriger einschlägiger beruflicher Praxis

b) Fachberater

Fachberater/-in Finanzdienstleistungen

- eine abgeschlossene Ausbildung zum/zur Bankkaufmann/-frau, zum/zur Kaufmann/-frau für Versicherungen und Finanzen der Fachrichtung Versicherung oder der Fachrichtung Finanzberatung, zum/zur Investmentfondskaufmann/-frau oder zum/zur Immobilienkaufmann/-frau bzw. in den (Alt)-Berufen Versicherungskaufmann/-frau oder Kaufmann/-frau in der Grundstücks- und Wohnungswirtschaft sowie eine anschließende einschlägige Berufspraxis von 6 Monaten

  oder
- eine abgeschlossene Ausbildung in einem sonstigen anerkannten kaufmännischen oder verwaltenden Ausbildungsberuf und eine anschließende einschlägige Tätigkeit von mindestens einem Jahr

  oder

- eine einschlägige Berufspraxis von mindestens 4 Jahren ohne Berufsausbildung

Fachberater/-in Vertrieb

- eine Abschlussprüfung in einem anerkannten dreijährigen kaufmännischen oder verwaltenden Ausbildungsberuf und danach eine mindestens sechsmonatige Berufspraxis

  <u>oder</u>
- eine Abschlussprüfung in einem anderen anerkannten dreijährigen Ausbildungsberuf und danach eine mindestens einjährige Berufspraxis

  <u>oder</u>
- eine Abschlussprüfung in einem anerkannten zweijährigen Ausbildungsberuf, der dem Vertriebsbereich zuzuordnen ist, und danach eine mindestens 18-monatige Berufspraxis

  <u>oder</u>
- eine mindestens dreijährige Berufspraxis

c) Fachkaufleute

Bilanzbuchhalter/-in

- eine mit Erfolg abgelegte Abschlussprüfung in einem anerkannten kaufmännischen oder verwaltenden Ausbildungsberuf mit einer vorgeschriebenen Ausbildungszeit von drei Jahren und danach eine mindestens dreijährige kaufmännische Berufspraxis

  <u>oder</u>
- ein mit Erfolg abgelegtes wirtschaftswissenschaftliches Studium an einer Hochschule oder einen betriebswirt-

schaftlichen Diplom- oder Bachelor-Abschluss einer staatlichen oder staatlich anerkannten Berufsakademie oder eines akkreditierten betriebswirtschaftlichen Ausbildungsganges einer Berufsakademie und danach eine mindestens zweijährige Berufspraxis
<u>oder</u>
- eine mindestens sechsjährige Berufspraxis

Controller/-in
- eine mit Erfolg abgelegte Abschlussprüfung in einem anerkannten dreijährigen kaufmännischen oder verwaltenden Ausbildungsberuf und danach eine mindestens dreijährige Berufspraxis
<u>oder</u>
- ein mit Erfolg abgelegtes wirtschaftswissenschaftliches Studium an einer Hochschule oder einen betriebswirtschaftlichen Abschluss einer staatlichen oder staatlich anerkannten Berufsakademie oder einen Bachelor-Abschluss eines akkreditierten be- triebswirtschaftlichen Ausbildungsganges einer Berufsakademie und danach eine mindestens zweijährige Berufspraxis
<u>oder</u>
- eine mit Erfolg abgelegte Abschluss- oder Gesellenprüfung in einem anderen anerkannten Ausbildungsberuf und danach eine mindestens vierjährige Berufspraxis
<u>oder</u>
- eine mindestens sechsjährige Berufspraxis

Fachkaufmann/-frau Einkauf und Logistik
- eine mit Erfolg abgelegte Abschlussprüfung in einem anerkannten kaufmännischen Ausbildungsberuf und da-

nach eine mindestens zweijährige Berufspraxis in Einkauf oder Logistik
oder
- eine mit Erfolg abgelegte Abschlussprüfung in einem anderen anerkannten Ausbildungsberuf und danach eine mindestens dreijährige Berufspraxis in Einkauf oder Logistik
oder
- eine mindestens fünfjährige Berufspraxis in Einkauf und Logistik
oder
- eine abgeschlossene Berufsausbildung im Bereich Lagerwirtschaft und danach eine mindestens dreijährige Berufspraxis in der Lagerwirtschaft

Fachkaufmann/-frau Außenwirtschaft
- eine Abschlussprüfung in einem anerkannten dreijährigen kaufmännischen oder verwaltenden Ausbildungsberuf und mindestens ein Jahr Berufspraxis
oder
- eine Abschlussprüfung in einem anerkannten zweijährigen kaufmännischen oder verwaltenden Ausbildungsberuf und mindestens zwei Jahre Berufspraxis
oder
- eine mindestens fünfjährige Berufspraxis

Fachkaufmann/-frau Büro- und Projektorganisation
- eine mit Erfolg abgelegte Abschlussprüfung in einem anerkannten dreijährigen kaufmännischen oder verwaltenden Ausbildungsberuf und danach eine mindestens einjährige Berufspraxis
oder

- eine mit Erfolg abgelegte Abschlussprüfung in einem anderen anerkannten Ausbildungsberuf und danach eine mindestens zweijährige Berufspraxis
  oder
- eine mindestens fünfjährige Berufspraxis

Fachkaufmann/-frau Marketing
- eine Abschlussprüfung in einem anerkannten dreijährigen kaufmännischen oder verwaltenden Ausbildungsberuf sowie eine anschließende einschlägige Berufspraxis von mindestens zwei Jahren
  oder
- eine Abschlussprüfung in einem anderen anerkannten Ausbildungsberuf sowie eine anschließende dreijährige Berufspraxis im Bereich Absatzwirtschaft
  oder
- eine mindestens fünfjährige Berufspraxis in absatzwirtschaftlichen Tätigkeiten

Fachkaufmann/-frau Logistiksysteme
- eine mit Erfolg abgelegte Abschlussprüfung in einem der anerkannten AusbildungsberufeKaufmann oder Kauffrau für Spedition und Logistikdienstleistung
  oder
- Speditionskaufmann oder Speditionskauffrau
  oder
- Industriekaufmann oder Industriekauffrau
  oder
- Kaufmann oder Kauffrau für Groß- und Außenhandel
  oder
- Schifffahrtskaufmann oder Schifffahrtskauffrau und danach eine mindestens einjährige Berufspraxis

oder

- eine mit Erfolg abgelegte Abschlussprüfung in einem anderen dreijährigen anerkannten kaufmännisch- verwaltenden Ausbildungsberuf oder im anerkannten Ausbildungsberuf Fachkraft für Lagerlogistik und danach eine mindestens zweijährige Berufspraxis

  oder

- eine mit Erfolg abgelegte Abschlussprüfung in einem anderen dreijährigen anerkannten Ausbildungsberuf und danach eine mindestens dreijährige Berufspraxis

  oder

- eine mindestens fünfjährige Berufspraxis

Personalfachkaufmann/-frau

- eine mit Erfolg abgelegte Abschlussprüfung in einem dreijährigen anerkannten Ausbildungsberuf der Personaldienstleistungswirtschaft und danach eine mindestens einjährige Berufspraxis

  oder

- eine mit Erfolg abgelegte Abschlussprüfung in einem anerkannten kaufmännischen oder verwaltenden Ausbildungsberuf und danach eine mindestens zweijährige Berufspraxis

  oder

- eine mit Erfolg abgelegte Abschlussprüfung in einem anderen anerkannten Ausbildungsberuf und danach eine mindestens dreijährige Berufspraxis

  oder

- eine mindestens fünfjährige Berufspraxis

d) Fachmeister IHK

Abwassermeister/-in

- eine mit Erfolg abgelegte Abschlussprüfung zur Fachkraft für Abwassertechnik und danach eine mindestens einjährige Berufspraxis

  oder
- eine mit Erfolg abgelegte Abschlussprüfung zum Ver- und Entsorger/ zur Ver- und Entsorgerin und die elektrotechnische Qualifikation und danach eine mindestens einjährige Berufspraxis

  oder
- eine mit Erfolg abgelegte Abschlussprüfung in einem sonstigen anerkannten Ausbildungsberuf und die elektrotechnische Qualifikation und danach eine mindestens zweijährige Berufspraxis

  oder
- eine mindestens dreijährige Berufspraxis und die elektrotechnische Qualifikation und danach eine mindestens zweijährige Berufspraxis.

Bachelor Professional in Straßenbetriebsmanagement

- eine erfolgreich abgelegte Abschlussprüfung in dem anerkannten Ausbildungsberuf Straßenwärter oder Straßenwärterin

  oder
- eine erfolgreich abgelegte Gesellen- oder Abschlussprüfung in einem anerkannten gewerblich-technischen Ausbildungsberuf mit einer Berufsausbildungsdauer von zwei Jahren und eine auf die Berufsausbildung folgende mindestens dreijährige Berufspraxis

  oder

- eine erfolgreich abgelegte Gesellen- oder Abschlussprüfung in einem anerkannten gewerblich-technischen Ausbildungsberuf mit einer Berufsausbildungsdauer von mindestens drei Jahren und eine auf die Berufsausbildung folgende mindestens zweijährige Berufspraxis
  oder
- den Erwerb von mindestens 90 Leistungspunkten nach dem Europäischen System zur Übertragung und Akkumulierung von Studienleistungen in einem fachverwandten Studium und eine mindestens dreijährige Berufspraxis
  oder
- eine mindestens fünfjährige Berufspraxis

Barmeister/-in
- mit Erfolg abgelegte Prüfung zum/zur Geprüften Barmixer/-in
  und
- die Anforderungen an das Personal beim Umgang mit Lebensmitteln nach dem Infektionsschutzgesetz müssen erfüllt sein.

Baumaschinenmeister/-in
- eine mit Erfolg abgelegte Abschlußprüfung in einem einschlägigen anerkannten Ausbildungsberuf und danach eine Berufspraxis, die unter Anrechnung der in der Ausbildungsordnung für den Ausbildungsberuf vorgeschriebenen Ausbildungsdauer mindestens 5 Jahre beträgt,
  oder
- eine mit Erfolg abgelegte Abschlußprüfung in einem anderen anerkannten gewerblich-technischen oder hand-

werklichen Ausbildungsberuf und danach eine mindestens dreijährige Berufspraxis
oder
- eine mindestens sechsjährige Berufspraxis

Betriebsbraumeister/-in

- eine mit Erfolg abgeschlossene Ausbildung als Brauer/-in und Mälzer/-in und eine einschlägige Berufspraxis von mindestens zwei Jahren. Dabei sind mindestens in drei der folgenden Gebiete Tätigkeiten von mindestens je einem halben Jahr nachzuweisen: Malzbereitung, Würzeherstellung, Würzekühlung und Gärkeller, Reifung, Filtration, Getränkeabfüllung
oder
- eine mit Erfolg abgelegte Abschlussprüfung in einem anderen gewerblich-technischen oder handwerklichen Ausbildungsberuf und danach eine mindestens dreijährige einschlägige Berufspraxis gemäß den o.g. Kriterien (Tätigkeiten in bestimmten Gebieten)
oder
- eine einschlägige Berufspraxis von mindestens sechs Jahren, falls keine abgeschlossene Ausbildung vorliegt

Floristmeister/-in

- eine abgeschlossene Berufsausbildung als Florist/-in und eine mindestens dreijährige einschlägige Berufstätigkeit
oder
- eine mindestens sechsjährige einschlägige Berufspraxis
und
- der Sachkundenachweis für die Anwendung von Pflanzenschutzmitteln nach der Pflanzenschutz-Sachkundeverordnung.

Hotelmeister/-in

- eine mit Erfolg abgelegte Abschlussprüfung in einem dreijährigen anerkannten Ausbildungsberuf und danach eine mindestens einjährige Berufspraxis

  oder
- eine mit Erfolg abgelegte Abschlussprüfung in einem zweijährigen anerkannten Ausbildungsberuf und danach eine mindestens zweijährige Berufspraxis

  oder
- eine mindestens vierjährige Berufspraxis

  und
- die Anforderungen an das Personal beim Umgang mit Lebensmitteln nach dem Infektionsschutzgesetz müssen erfüllt sein.

Küchenmeister/-in

- eine mit Erfolg abgelegte Abschlussprüfung in einem dreijährigen anerkannten Ausbildungsberuf und danach eine mindestens einjährige Berufspraxis

  oder
- eine mit Erfolg abgelegte Abschlussprüfung in einem zweijährigen anerkannten Ausbildungsberuf und danach eine mindestens zweijährige Berufspraxis

  oder
- eine mindestens vierjährige Berufspraxis

  und
- die Anforderungen an das Personal beim Umgang mit Lebensmitteln nach dem Infektionsschutzgesetz müssen erfüllt sein.

Logistikmeister/-in

- eine mit Erfolg abgelegte Abschlussprüfung in einem anerkannten Ausbildungsberuf aus dem Bereich der Logistik
  oder
- eine mit Erfolg abgelegte Abschlussprüfung in einem sonstigen anerkannten Ausbildungsberuf und danach eine mindestens einjährige Berufspraxis
  oder
- eine mindestens vierjährige Berufspraxis

Meister/-in Bahnverkehr

- eine mit Erfolg abgelegte Abschlussprüfung in dem anerkannten Ausbildungsberuf als Eisenbahner/-in im Betriebsdienst und danach eine mindestens einjährige Berufspraxis
  oder
- eine mit Erfolg abgelegte Abschlussprüfung in einem sonstigen anerkannten Ausbil- dungsberuf und danach eine mindestens dreijährige Berufspraxis
  oder
- eine mindestens sechsjährige Berufspraxis

Meister/-in für Kraftverkehr

- eine mit Erfolg abgelegte Abschlussprüfung als Berufskraftfahrer/-in
  oder
- eine mit Erfolg abgelegte Abschlussprüfung als Fachkraft im Fahrbetrieb
  oder

- eine mit Erfolg abgelegte Abschlussprüfung in einem sonstigen anerkannten Ausbildungsberuf und eine mindestens einjährige einschlägige Berufspraxis
  oder
- eine mindestens vierjährige Berufspraxis.

Meister/-in für Kreislauf- und Abfallwirtschaft und Städtereinigung

- eine mit Erfolg abgelegte Abschlussprüfung zur Fachkraft für Kreislauf- und Abfallwirtschaft, zum/zur Ver- und Entsorger/-in und danach eine mindestens einjährige Berufspraxis
  oder
- eine mit Erfolg abgelegte Abschlussprüfung in einem sonstigen anerkannten Ausbildungsberuf und danach eine mindestens zweijährige Berufspraxis
  oder
- eine mindestens fünfjährige Berufspraxis

Meister/-in Lagerwirtschaft

- eine mit Erfolg abgelegte Abschlussprüfung in einem anerkannten Ausbildungsberuf, der dem Bereich Lager-, Transport- oder Versandwesen zugeordnet werden kann und danach eine einschlägige Berufspraxis, die unter Anrechnung der in der Ausbildungsordnung für den Ausbildungsberuf vorgeschriebenen Ausbildungsdauer mindestens fünf Jahre beträgt
  oder
- eine vergleichbare Qualifikation

Meister/-in Medienproduktion Bild und Ton

- eine mit Erfolg abgelegte Abschlussprüfung in den anerkannten Ausbildungsberufen Mediengestalter oder Mediengestalterin Bild und Ton oder Film- und Videoeditor oder Film- und Videoeditorin und da- nach eine mindestens einjährige Berufspraxis

  oder
- eine mit Erfolg abgelegte Abschlussprüfung in einem sonstigen anerkannten gewerblich-technischen Aus- bildungsberuf und danach eine zweijährige Berufspraxis

  oder
- eine mindestens fünfjährige Berufspraxis

Meister/-in Rohr-, Kanal- und Industrieservice

- eine mit Erfolg abgelegte Abschlussprüfung zur Fachkraft für Rohr-, Kanal- und Industrieservice, zur Fachkraft für Abwassertechnik, zur Fachkraft für Wasserversorgungstechnik, zur Fachkraft für Kreislauf- und Abfallwirtschaft, zum/zur Ver- und Entsorger/-in und danach eine mindestens einjährige Berufspraxis

  oder
- eine mit Erfolg abgelegte Abschlussprüfung in einem sonstigen anerkannten Ausbildungsberuf und danach eine mindestens zweijährige Berufspraxis

  oder
- eine mindestens fünfjährige Berufspraxis

Meister/-in Schutz und Sicherheit

- eine mit Erfolg abgelegte Abschlussprüfung in einem dreijährigen anerkannten Ausbildungsberuf, der einem sicherheitsrelevanten Beruf zugeordnet werden kann,

  oder

- eine mit Erfolg abgelegte Abschlussprüfung in einem anderen sicherheitsrelevanten anerkannten Ausbildungsberuf und eine mindestens einjährige Berufspraxis
  oder
- eine mit Erfolg abgelegte Abschlussprüfung in einem anderen anerkannten Ausbildungsberuf und eine mindestens zweijährige Berufspraxis
  oder
- eine mindestens vierjährige Berufspraxis
  oder
- eine mit Erfolg abgelegte Prüfung zur Geprüften Werkschutzfachkraft.

Meister/-in Veranstaltungstechnik Bühne/Studio, Beleuchtung, Halle

- eine abgeschlossene Berufsausbildung in einem anerkannten Ausbildungsberuf, der der Fachrichtung, in der die Prüfung abgelegt werden soll, zugeordnet werden kann, sowie entsprechende Berufspraxis
  oder
- eine mit Erfolg abgelegte Abschlußprüfung in einem sonstigen anerkannten gewerblich-technischen oder handwerklichen Ausbildungsberuf und danach eine dem angestrebten Abschluß entsprechende Berufspraxis, die unter Anrechnung der in der Ausbildungsordnung für den Ausbildungsberuf vorgeschriebenen Ausbildungsdauer mindestens sechs Jahre beträgt
- für die Fachrichtungen Beleuchtung und Halle muss die Qualifikation als Elektrofachkraft vorhanden sein

Meister/-in Veranstaltungstechnik

- eine mit Erfolg abgelegte Abschlussprüfung in dem anerkannten Ausbildungsberuf Fachkraft für Veran- staltungstechnik und danach eine mindestens ein- jährige Berufspraxis
  oder
- eine mit Erfolg abgelegte Abschlussprüfung in einem sonstigen anerkannten gewerblich-technischen Ausbildungsberuf und danach eine Berufspraxis von mindestens zwei Jahren
  oder
- eine mindestens fünfjährige Berufspraxis

Netzmeister/-in

- eine mit Erfolg abgelegte Fortbildungsprüfung zum Geprüften Netzmonteur/zur Geprüften Netzmonteurin
  oder
- eine mit Erfolg abgelegte Abschlussprüfung in einem anerkannten Ausbildungsberuf, der wesentliche Bezüge zu dem zu prüfenden Handlungsfeld hat und danach eine mindestens einjährige einschlägige Berufspraxis oder
- eine mit Erfolg abgelegte Abschlussprüfung in einem sonstigen anerkannten Ausbildungsberuf und danach eine mindestens zweijährige einschlägige Berufspraxis
  oder
- eine mindestens fünfjährige einschlägige Berufspraxis

Polier/-in

- eine mit Erfolg abgelegte Abschlussprüfung in einem anerkannten Ausbildungsberuf, der dem Bereich der Bauwirtschaft zugeordnet werden kann, und danach eine einschlägige Berufspraxis, die unter Anrechnung der in der

Ausbildungsordnung für den Ausbildungsberuf vorgeschriebenen Ausbildungsdauer mindestens fünf Jahre beträgt
<u>oder</u>
- eine mit Erfolg abgelegte Abschlussprüfung in einem sonstigen anerkannten Ausbildungsberuf und danach eine einschlägige Berufspraxis, die unter Anrechnung der in der Ausbildungsordnung für den Ausbildungsberuf vorgeschriebenen Ausbildungsdauer mindestens sechs Jahre beträgt
<u>oder</u>
- eine mindestens sechsjährige einschlägige Berufspraxis

Restaurantmeister/-in
- eine mit Erfolg abgelegte Abschlussprüfung in einem dreijährigen anerkannten Ausbildungsberuf und danach eine mindestens einjährige Berufspraxis
<u>oder</u>
- eine mit Erfolg abgelegte Abschlussprüfung in einem zweijährigen anerkannten Ausbildungsberuf und danach eine mindestens zweijährige Berufspraxis
<u>oder</u>
- eine mindestens vierjährige Berufspraxis

Tierpflegemeister/-in
- eine erfolgreich abgelegte Abschlussprüfung als Tierpfleger/-in
<u>oder</u>
- eine mit Erfolg abgelegte Abschlussprüfung in einem der Tierpflege verwandten anerkannten Ausbildungsberuf und danach eine mindestens einjährige einschlägige Berufspraxis

oder

- eine mit Erfolg abgelegte Abschlussprüfung in einem sonstigen anerkannten Ausbildungsberuf und danach eine mindestens zweijährige einschlägige Berufspraxis

oder

- eine mindestens vierjährige einschlägige Berufspraxis

Wasserbaumeister/-in

- eine mit Erfolg abgelegte Abschlussprüfung im staatlich anerkannten Ausbildungsberuf Wasserbauer/ Wasserbauerin und danach eine mindestens einjährige Berufspraxis

oder

- eine mit Erfolg abgelegte Abschlussprüfung in einem sonstigen anerkannten Ausbildungsberuf und danach eine mindestens zweijährige Berufspraxis

oder

- eine mindestens fünfjährige Berufspraxis

Wassermeister/-in

- eine mit Erfolg abgelegte Abschlussprüfung zur Fachkraft für Wasserversorgungstechnik und danach eine mindestens einjährige Berufspraxis

oder

- eine mit Erfolg abgelegte Abschlussprüfung zum Ver- und Entsorger/ zur Ver- und Entsorgerin und die elektrotechnische Qualifikation und danach eine mindestens einjährige Berufspraxis

oder

- eine mit Erfolg abgelegte Abschlussprüfung in einem sonstigen anerkannten Ausbildungsberuf und die elektro-

technische Qualifikation und danach eine mindestens zweijährige Berufspraxis
<u>oder</u>
- eine mindestens dreijährige Berufspraxis und die elektrotechnische Qualifikation und danach eine mindestens zweijährige Berufspraxis.

e) Fachwirte IHK

Bankfachwirt/-in
- eine mit Erfolg abgelegte Abschlussprüfung als Bankkaufmann/-frau oder Sparkassenkaufmann/-frau und eine zweijährige einschlägige Berufspraxis mit wesentlichen Bezügen zu Aufgaben der Kreditwirtschaft
<u>oder</u>
- eine Abschlussprüfung in einem anderen anerkannten kaufmännischen oder verwaltenden Ausbildungsberuf und eine dreijährige einschlägige Berufspraxis mit wesentlichen Bezügen zu Aufgaben der Kreditwirtschaft
<u>oder</u>
- eine mindestens sechsjährige einschlägige Berufspraxis mit wesentlichen Bezügen zu Aufgaben der Kreditwirtschaft

Fachagrarwirt/-in
- eine mit Erfolg abgelegte Abschlussprüfung in den anerkannten Ausbildungsberufen Gärtner/-in, Forstwirt/-in, Winzer/-in oder Landwirt/-in und danach eine mindestens dreijährige Berufspraxis in Baumschulen, in Betrieben des Garten- und Landschaftsbaus, des Obstbaus, der

Forstwirtschaft oder der Landwirtschaft mit wesentlichem Waldbauanteil

oder

- eine mindestens fünfjährige Tätigkeit in Betrieben des Gartenbaus, der Forstwirtschaft, des Weinbaus oder der Landwirtschaft und eine mindestens dreijährige Berufspraxis in Baumschulen, in Betrieben des Garten- und Landschaftsbaus, des Obstbaus, der Forstwirtschaft oder der Landwirtschaft mit wesentlichem Waldbauanteil

Fachwirt/-in Bahnbetrieb

- eine mit Erfolg abgelegte Abschlussprüfung in einem anerkannten Ausbildungsberuf und danach eine mindestens einjährige Berufspraxis

oder

- eine mindestens vierjährige Berufspraxis

Fachwirt/-in Finanzberatung

- eine abgeschlossene Ausbildung zum/zur Bankkaufmann/-frau, zum/zur Kaufmann/Kauffrau für Versicherungen und Finanzen der Fachrichtung Versicherung oder der Fachrichtung Finanzberatung, zum/zur Investmentfondskaufmann/-frau oder zum/zur Immobilienkaufmann/-frau bzw. in den (Alt)Berufen Versicherungskaufmann/-frau oder Kaufmann/-frau in der Grundstücks- und Wohnungswirtschaft sowie eine anschließende einschlägige Berufspraxis von einem Jahr

oder

- eine abgeschlossene Ausbildung in einem sonstigen anerkannten kaufmännischen oder verwaltenden Ausbildungsberuf und eine anschließende einschlägige Tätigkeit von mindestens 2 Jahren

oder
- eine einschlägige Berufspraxis von mindestens 5 Jahren ohne Berufsausbildung

Fachwirt/-in Gastgewerbe
- eine mit Erfolg abgelegte Abschlussprüfung in einem anerkannten Ausbildungsberuf und danach eine mindestens einjährige Berufspraxis
  oder
- eine mindestens vierjährige Berufspraxis

Fachwirt/-in Geschäftsreise- und Mobilitätsmanagement
- eine mit Erfolg abgelegte Abschlussprüfung im anerkannten Ausbildungsberuf Touris- muskaufmann/-frau (Privat- und Geschäftsreisen)/ oder Reiseverkehrskaufmann/-frau
  oder
- eine mit Erfolg abgelegte Abschlussprüfung in einem anerkannten kaufmännischen oder verwaltenden Ausbildungsberuf und danach eine mindestens einjährige Berufs- praxis
  oder
- eine mit Erfolg abgelegte Abschlussprüfung in einem anderen anerkannten Ausbil- dungsberuf und danach eine mindestens zweijährige Berufspraxis
  oder
- eine mindestens vierjährige Berufspraxis

Fachwirt/-in Gesundheits-und Sozialwesen
- eine mit Erfolg abgelegte Abschlussprüfung in einem anerkannten nach dem Berufsbildungsgesetz oder der

Handwerksordnung geregelten kaufmännischen, verwaltenden, medizinischen oder handwerklichen Ausbildungsberuf des Gesundheits- und Sozialwesens und danach eine mindestens einjährige Berufspraxis
oder

- eine mit Erfolg abgelegte Abschlussprüfung in einem bundesrechtlich geregelten Beruf im Gesundheitswesen oder einem dreijährigen landesrechtlich geregelten Beruf im Gesundheits- und Sozialwesen und eine mindestens einjährige Berufspraxis
oder
- ein mit Erfolg abgeschlossenes einschlägiges Hochschulstudium und eine mindestens zweijährige Berufspraxis
oder
- eine mit Erfolg abgelegte Abschlussprüfung in einem sonstigen anerkannten kaufmännischen, verwaltenden oder hauswirtschaftlichen Ausbildungsberuf und danach eine mindestens zweijährige Berufspraxis
oder
- eine mindestens fünfjährige Berufspraxis

Fachwirt/-in Güterverkehr und Logistik

- eine mit Erfolg abgelegte Abschlussprüfung in einem anerkannten kaufmännischen Ausbildungsberuf für den Bereich Güterverkehr und Logistik und danach eine mindestens einjährige Berufspraxis
oder
- eine mit Erfolg abgelegte Abschlussprüfung in einem sonstigen anerkannten dreijährigen kaufmännischen oder verwaltenden Ausbildungsberuf und danach eine mindestens zweijährige Berufspraxis
oder
- eine mindestens fünfjährige Berufspraxis

Fachwirt/-in Personenverkehr und Mobilität

- eine mit Erfolg abgelegte Abschlussprüfung in einem anerkannten kaufmännischen oder verwaltenden dreijährigen Ausbildungsberuf oder einem dreijährigen anerkannten Ausbildungsberuf des Personen- oder Reiseverkehrs und danach eine mindestens einjährige Berufspraxis
  oder
- eine mit Erfolg abgelegte Abschlussprüfung in einem sonstigen anerkannten dreijährigen Ausbildungs- beruf und danach eine mindestens zweijährige Berufspraxis
  oder
- eine mindestens fünfjährige Berufspraxis

Fachwirt/-in Tele-Service und Kommunikation

- eine mit Erfolg abgelegte Abschlussprüfung in einem anerkannten Ausbildungsberuf und danach eine mindestens einjährige Berufspraxis
  oder
- eine mindestens vierjährige Berufspraxis

Fachwirt/-in Versicherung und Finanzen

- eine mit Erfolg abgelegte Abschlussprüfung in einem anerkannten Ausbildungsberuf der Versicherungswirtschaft und danach eine mindestens einjährige Berufspraxis
  oder
- eine mit Erfolg abgelegte Abschlussprüfung in einem anderen anerkannten kaufmännischen oder verwaltenden Ausbildungsberuf und danach eine mindestens zweijährige Berufspraxis
  oder
- eine mindestens vierjährige Berufspraxis

Fitnessfachwirt/-in

- eine mit Erfolg abgeschlossene Ausbildung in einem anerkannten kaufmännischen Ausbildungsberuf und eine mindestens zweijährige Berufspraxis im Fitnessstudio
  <u>oder</u>
- ein Hochschulabschluss als Sportlehrer und zwei Jahre Berufspraxis im Fitnessstudio
  <u>oder</u>
- eine mit Erfolg abgeschlossene Ausbildung in einem verwaltenden Ausbildungsberuf und drei Jahre Berufspraxis im Fitnessstudio
  <u>oder</u>
- eine mit Erfolg abgeschlossene Ausbildung als Physiotherapeut, Masseur, staatlich geprüfter Gymnastiklehrer und drei Jahre Berufspraxis im Fitnessstudio
  <u>oder</u>
- eine mindestens sechsjährige Berufspraxis im Fitnessstudio

Handelsfachwirt/-in

- eine mit Erfolg abgelegte Abschlussprüfung in einem anerkannten dreijährigen kaufmännischen Ausbildungsberuf im Handel und danach eine mindestens einjährige Berufspraxis
  <u>oder</u>
- eine mit Erfolg abgelegte Abschlussprüfung zum Verkäufer/ zur Verkäuferin oder in einem anderen anerkannten Ausbildungsberuf und danach eine mindestens zweijährige Berufspraxis
  <u>oder</u>
- eine mindestens fünfjährige Berufspraxis

Immobilienfachwirt/-in

- eine mit Erfolg abgelegte Abschlussprüfung in einem anerkannten dreijährigen Ausbildungsberuf der Immobilienwirtschaft und danach eine mindestens ein- jährige Berufspraxis
  <u>oder</u>
- eine mit Erfolg abgelegte Abschlussprüfung in einem anderen anerkannten kaufmännischen oder verwaltenden dreijährigen Ausbildungsberuf und danach eine mindestens zweijährige Berufspraxis
  <u>oder</u>
- eine mit Erfolg abgelegte Abschlussprüfung in einem anderen Ausbildungsberuf und danach eine mindestens dreijährige Berufspraxis
  <u>oder</u>
- eine mindestens fünfjährige Berufspraxis

Industriefachwirt/-in

- eine mit Erfolg abgelegte Abschlussprüfung in einem anerkannten dreijährigen kaufmännischen oder verwaltenden Ausbildungsberuf
  <u>oder</u>
- eine mit Erfolg abgelegte Abschlussprüfung in einem sonstigen anerkannten mindestens dreijährigen Ausbildungsberuf und danach eine mindestens einjährige Berufspraxis
  <u>oder</u>
- eine mit Erfolg abgelegte Abschlussprüfung in einem anderen anerkannten Ausbildungsberuf und danach eine mindestens zweijährige Berufspraxis
  <u>oder</u>
- eine mindestens dreijährige Berufspraxis.

Leasingfachwirt/-in

- eine mit Erfolg abgelegte Abschlussprüfung in einem anerkannten kaufmännischen oder verwaltenden Ausbildungsberuf und dabei erworbene Erfahrungen im Leasinggeschäft sowie danach eine mindestens zweijährige Berufspraxis

  oder
- eine mit Erfolg abgelegte Abschlussprüfung in einem anerkannten kaufmännischen oder verwaltenden Ausbildungsberuf und danach eine mindestens dreijährige Berufspraxis

  oder
- eine mindestens sechsjährige Berufspraxis

Medienfachwirt/-in

- eine mit Erfolg abgelegte Abschlussprüfung in einem anerkannten Ausbildungsberuf, der der Druck- und Medienwirtschaft zugeordnet werden kann

  oder
- eine mit Erfolg abgelegte Abschlussprüfung in einem sonstigen anerkannten Ausbildungsberuf und danach eine mindestens einjährige Berufspraxis

  oder
- eine mindestens vierjährige Berufspraxis

Personaldienstleistungsfachwirt/-in

- eine mit Erfolg abgelegte Abschlussprüfung in einem dreijährigen anerkannten Ausbildungsberuf der Personaldienstleistungswirtschaft und danach eine mindestens einjährige Berufspraxis

  oder

- eine mit Erfolg abgelegte Abschlussprüfung in einem anderen anerkannten Ausbildungsberuf und danach eine mindestens zweijährige Berufspraxis
  oder
- eine mindestens fünfjährige Berufspraxis

Rechtsfachwirt/-in

- eine Abschlussprüfung als Rechtsanwaltsfachangestellte/r, Rechtsanwalts- und Notarfachangestellte/r, Notarfachangestellte/r oder Patentanwaltsfachangestellte/r und eine mindestens zweijährige einschlägige Berufspraxis
  oder
- eine mindestens sechsjährige einschlägige Berufspraxis

Sozialversicherungsfachwirt/-in

- eine mit Erfolg abgelegte Prüfung als Sozialversicherungsfachangestellte/r und danach eine mindestens zweijährige Berufspraxis
  oder
- eine mit Erfolg abgelegte Prüfung in einem anderen anerkannten Ausbildungsberuf mit einer vorgeschriebenen Ausbildungszeit von mindestens drei Jahren oder einen Abschluss eines Hochschulstudiums und danach eine mindestens vierjährige Berufs-praxis
  oder
- eine mindestens sechsjährige Berufspraxis

Sportfachwirt/-in

- eine mit Erfolg abgelegte Abschlussprüfung in einem anerkannten kaufmännischen oder verwaltenden Ausbildungsberuf der Sportwirtschaft

oder

- eine mit Erfolg abgelegte Abschlussprüfung in einem anerkannten kaufmännischen oder verwaltenden Ausbildungsberuf und danach eine mindestens ein- jährige Berufspraxis

oder

- eine mit Erfolg abgelegte Abschlussprüfung in einem anderen anerkannten Ausbildungsberuf und danach eine mindestens zweijährige Berufspraxis

oder

- eine mindestens vierjährige Berufspraxis

Technische/r Fachwirt/-in

- eine mit Erfolg abgelegte Abschlussprüfung in einem anerkannten mindestens dreijährigen kaufmännischen, verwaltenden oder gewerblich-technischen Ausbildungsberuf

oder

- eine mit Erfolg abgelegte Abschlussprüfung in einem anderen anerkannten Ausbildungsberuf und danach eine mindestens einjährige Berufspraxis im kaufmännischen oder gewerblich-technischen Bereich

oder

- eine mindestens vierjährige Berufspraxis

Tourismusfachwirt/-in

- eine mit Erfolg abgelegte Abschlussprüfung in einem dreijährigen anerkannten Ausbildungsberuf der Tourismuswirtschaft und danach eine mindes- tens einjährige Berufspraxis

oder

- eine mit Erfolg abgelegte Abschlussprüfung in einem anderen kaufmännischen oder verwaltenden aner- kannten Ausbildungsberuf und danach eine mindes- tens zweijährige Berufspraxis
  oder
- eine mit Erfolg abgelegte Abschlussprüfung in einem anderen anerkannten Ausbildungsberuf und danach eine mindestens dreijährige Berufspraxis
  oder
- eine mindestens fünfjährige Berufspraxis

Veranstaltungsfachwirt/-in

- eine mit Erfolg abgelegte Abschlussprüfung im anerkannten Ausbildungsberuf Veranstaltungskaufmann/ Veranstaltungskauffrau
  oder
- eine mit Erfolg abgelegte Abschlussprüfung in einem anerkannten kaufmännischen oder verwaltenden Ausbildungsberuf und danach eine mindestens einjährige Berufspraxis
  oder
- eine mit Erfolg abgelegte Abschlussprüfung in einem sonstigen anerkannten Ausbildungsberuf und danach eine mindestens zweijährige Berufspraxis
  oder
- eine mindestens vierjährige Berufspraxis

Verkehrsfachwirt/-in

- eine mit Erfolg abgelegte Abschlussprüfung als Speditionskaufmann/ -frau, Reiseverkehrskaufmann/ -frau, Kaufmann/ -frau für Verkehrsservice, Servicekaufmann/ -frau im Luftverkehr, Kaufmann/ -frau im Eisenbahn- und

Straßenverkehr, Luftverkehrskaufmann/-frau oder Schifffahrtskaufmann/-frau oder eines anderen kaufmännischen Ausbildungsberufs der Verkehrswirtschaft und danach eine mindestens einjährige Berufspraxis
oder
- eine mit Erfolg abgelegte Abschlussprüfung in einem anderen anerkannten kaufmännischen Ausbildungsberuf und eine mindestens zweijährige Berufspraxis
oder
- eine mindestens fünfjährige Berufspraxis

Wirtschaftsfachwirt/-in

- eine mit Erfolg abgelegte Abschlussprüfung in einem anerkannten mindestens dreijährigen kaufmännischen oder verwaltenden Ausbildungsberuf
oder
- eine mit Erfolg abgelegte Abschlussprüfung in einem sonstigen anerkannten mindestens dreijährigen Ausbildungsberuf und danach eine mindestens einjährige Berufspraxis
oder
- eine mit Erfolg abgelegte Abschlussprüfung in einem anderen anerkannten Ausbildungsberuf und danach eine mindestens zweijährige Berufspraxis
oder
- eine mindestens dreijährige Berufspraxis

f) Fremdsprachen

Dolmetscher/-in und Übersetzer/-in

- eine bestandene Abschlussprüfung in einem anerkannten kaufmännischen Ausbildungsberuf und mindestens ein Jahr Berufspraxis
- der Nachweis gehobener wirtschaftsbezogener und gehobener fremdsprachlicher Kenntnisse und übersetzungsmethodischer Fertigkeiten

Fremdsprachenkorrespondent/-in

- eine abgeschlossene Berufsausbildung in einem anerkannten kaufmännischen, verwaltenden oder dienstleistenden Ausbildungsberuf
  oder
- ausreichend fremdsprachliche und kaufmännische Kenntnisse und Erfahrungen

g) Handwerksmeister

Augenoptikermeister/-in

- Abgeschlossene Gesellenprüfung als Augenoptiker/-in
  oder
- eine abgeschlossene Meisterprüfung in einem anderen Handwerk
  oder
- eine Abschlussprüfung in einem entsprechenden anerkannten industriellen Ausbildungsberuf
  oder

- eine Gesellen- bzw. Abschlussprüfung in einem anderen anerkannten Ausbildungsberuf und eine mehrjährige Berufstätigkeit im Augenoptiker-Handwerk

Bäckermeister/-in

- Abgeschlossene Gesellenprüfung als Bäcker/-in oder
- eine abgeschlossene Meisterprüfung in einem anderen Handwerk
  oder
- eine Abschlussprüfung in einem entsprechenden anerkannten industriellen Ausbildungsberuf
  oder
- eine Gesellen- bzw. Abschlussprüfung in einem anderen anerkannten Ausbildungsberuf und eine mehrjährige Berufstätigkeit im Bäcker-Handwerk

Behälter-und Apparatebauermeister/-in

- eine Gesellen- bzw. Abschlussprüfung in einem anerkannten Ausbildungsberuf

Bestattermeister/-in

- eine Gesellen- bzw. Abschlussprüfung in einem anerkannten Ausbildungsberuf

Bogenmachermeister/-in

- eine Gesellen- bzw. Abschlussprüfung in einem anerkannten Ausbildungsberuf

Brunnenbauermeister/-in

- Abgeschlossene Gesellenprüfung als Brunnenbauer oder
- eine abgeschlossene Meisterprüfung in einem anderen Handwerk
  oder
- eine Abschlussprüfung in einem entsprechenden anerkannten industriellen Ausbildungsberuf
  oder
- eine Gesellen- bzw. Abschlussprüfung in einem anderen anerkannten Ausbildungsberuf und eine mehrjährige Berufstätigkeit im Brunnenbauer-Handwerk

Buchbindermeister/-in

- eine Gesellen- bzw. Abschlussprüfung in einem anerkannten Ausbildungsberuf

Chirurgiemechanikermeister/-in

- Abgeschlossene Gesellenprüfung als Chirurgiemechaniker/-in
  oder
- eine abgeschlossene Meisterprüfung in einem anderen Handwerk
  oder
- eine Abschlussprüfung in einem entsprechenden anerkannten industriellen Ausbildungsberuf
  oder
- eine Gesellen- bzw. Abschlussprüfung in einem anderen anerkannten Ausbildungsberuf und eine mehrjährige Berufstätigkeit im Chirurgiemechaniker-Handwerk

Dachdeckermeister/-in

- Abgeschlossene Gesellenprüfung als Dachdecker
  <u>oder</u>
- eine abgeschlossene Meisterprüfung in einem anderen Handwerk
  <u>oder</u>
- eine Abschlussprüfung in einem entsprechenden anerkannten industriellen Ausbildungsberuf
  <u>oder</u>
- eine Gesellen- bzw. Abschlussprüfung in einem anderen anerkannten Ausbildungsberuf und eine mehrjährige Berufstätigkeit im Dachdecker-Handwerk

Damen-und Herrenschneidermeister/-in

- eine Gesellen- bzw. Abschlussprüfung in einem anerkannten Ausbildungsberuf

Drechsler-und Holzspielzeugmachermeister/-in

- eine Gesellen- bzw. Abschlussprüfung in einem anerkannten Ausbildungsberuf

Elektromaschinenbauermeister/-in

- Abgeschlossene Gesellenprüfung als Elektromschinenbauer/-in
  <u>oder</u>
- eine abgeschlossene Meisterprüfung in einem anderen Handwerk
  <u>oder</u>
- eine Abschlussprüfung in einem entsprechenden anerkannten industriellen Ausbildungsberuf
  <u>oder</u>

- eine Gesellen- bzw. Abschlussprüfung in einem anderen anerkannten Ausbildungsberuf und eine mehrjährige Berufstätigkeit im Elektromschinenbauer-Handwerk

Elektrotechnikermeister/-in

- Abgeschlossene Gesellenprüfung als Elektrotechniker/-in
  oder
- eine abgeschlossene Meisterprüfung in einem anderen Handwerk
  oder
- eine Abschlussprüfung in einem entsprechenden anerkannten industriellen Ausbildungsberuf
  oder
- eine Gesellen- bzw. Abschlussprüfung in einem anderen anerkannten Ausbildungsberuf und eine mehrjährige Berufstätigkeit im Elektrotechniker-Handwerk

Feinwerkmechanikermeister/-in

- Abgeschlossene Gesellenprüfung als Feinwerkmechaniker/-in
  oder
- eine abgeschlossene Meisterprüfung in einem anderen Handwerk
  oder
- eine Abschlussprüfung in einem entsprechenden anerkannten industriellen Ausbildungsberuf
  oder
- eine Gesellen- bzw. Abschlussprüfung in einem anderen anerkannten Ausbildungsberuf und eine mehrjährige Berufstätigkeit im Feinwerkmechaniker-Handwerk

Fleischermeister/-in

- Abgeschlossene Gesellenprüfung als Fleischer/-in
  oder
- eine abgeschlossene Meisterprüfung in einem anderen Handwerk
  oder
- eine Abschlussprüfung in einem entsprechenden anerkannten industriellen Ausbildungsberuf
  oder
- eine Gesellen- bzw. Abschlussprüfung in einem anderen anerkannten Ausbildungsberuf und eine mehrjährige Berufstätigkeit im Fleischer-Handwerk

Fliesen-,Platten-und Mosaiklegermeister/-in

- eine Gesellen- bzw. Abschlussprüfung in einem anerkannten Ausbildungsberuf

Fotografenmeister/-in

- eine Gesellen- bzw. Abschlussprüfung in einem anerkannten Ausbildungsberuf

Friseurmeister/-in

- Abgeschlossene Gesellenprüfung als Friseur/-in
  oder
- eine abgeschlossene Meisterprüfung in einem anderen Handwerk
  oder
- eine Abschlussprüfung in einem entsprechenden anerkannten industriellen Ausbildungsberuf
  oder

- eine Gesellen- bzw. Abschlussprüfung in einem anderen anerkannten Ausbildungsberuf und eine mehrjährige Berufstätigkeit im Friseur-Handwerk

Galvaniseurmeister/-in
- eine Gesellen- bzw. Abschlussprüfung in einem anerkannten Ausbildungsberuf

Gebäudereinigermeister/-in
- eine Gesellen- bzw. Abschlussprüfung in einem anerkannten Ausbildungsberuf

Geigenbauermeister/-in
- eine Gesellen- bzw. Abschlussprüfung in einem anerkannten Ausbildungsberuf

Gerüstbauermeister/-in
- Abgeschlossene Gesellenprüfung als Gerüstbauer/-in
  oder
- eine abgeschlossene Meisterprüfung in einem anderen Handwerk
  oder
- eine Abschlussprüfung in einem entsprechenden anerkannten industriellen Ausbildungsberuf
  oder
- eine Gesellen- bzw. Abschlussprüfung in einem anderen anerkannten Ausbildungsberuf und eine mehrjährige Berufstätigkeit im Gerüstbauer-Handwerk

Glasermeister/-in

- Abgeschlossene Gesellenprüfung als Glaser/-in
  oder
- eine abgeschlossene Meisterprüfung in einem anderen Handwerk
  oder
- eine Abschlussprüfung in einem entsprechenden anerkannten industriellen Ausbildungsberuf
  oder
- eine Gesellen- bzw. Abschlussprüfung in einem anderen anerkannten Ausbildungsberuf und eine mehrjährige Berufstätigkeit im Glaser-Handwerk

Gold-und Silberschmiedemeister/-in

- eine Gesellen- bzw. Abschlussprüfung in einem anerkannten Ausbildungsberuf

Graveurmeister/-in

- eine Gesellen- bzw. Abschlussprüfung in einem anerkannten Ausbildungsberuf

Handzuginstrumentenmachermeister/-in

- eine Gesellen- bzw. Abschlussprüfung in einem anerkannten Ausbildungsberuf

Holzblasinstrumentenmachermeister/-in

- eine Gesellen- bzw. Abschlussprüfung in einem anerkannten Ausbildungsberuf

Holz-und Bautenschutzmeister/-in

- eine Gesellen- bzw. Abschlussprüfung in einem anerkannten Ausbildungsberuf

Informationstechnikermeister/-in

- Abgeschlossene Gesellenprüfung als Informationstechniker/ -in
  oder
- eine abgeschlossene Meisterprüfung in einem anderen Handwerk
  oder
- eine Abschlussprüfung in einem entsprechenden anerkannten industriellen Ausbildungsberuf oder
- eine Gesellen- bzw. Abschlussprüfung in einem anderen anerkannten Ausbildungsberuf und eine mehrjährige Berufstätigkeit im Informationstechniker-Handwerk

Installateur-und Heizungsbauermeister/-in

- Abgeschlossene Gesellenprüfung als Anlagenmechaniker/ -in der Fachrichtung Sanitär-,Heizungs-und Klimatechnik
  oder
- eine abgeschlossene Meisterprüfung in einem anderen Handwerk
  oder
- eine Abschlussprüfung in einem entsprechenden anerkannten industriellen Ausbildungsberuf
  oder
- eine Gesellen- bzw. Abschlussprüfung in einem anderen anerkannten Ausbildungsberuf und eine mehrjährige Berufstätigkeit im Installateur-und Heizungsbauer-Handwerk

Karosserie-und Fahrzeugbauermeister/-in

- Abgeschlossene Gesellenprüfung als Karosserie-und Fahrzeugbaumechaniker/ -in

  oder
- eine abgeschlossene Meisterprüfung in einem anderen Handwerk

  oder
- eine Abschlussprüfung in einem entsprechenden anerkannten industriellen Ausbildungsberuf

  oder
- eine Gesellen- bzw. Abschlussprüfung in einem anderen anerkannten Ausbildungsberuf und eine mehrjährige Berufstätigkeit im Karosserie-und Fahrzeugbauer-Handwerk

Keramikermeister/-in

- eine Gesellen- bzw. Abschlussprüfung in einem anerkannten Ausbildungsberuf

Klavier- und Cembalobauermeister/-in

- eine Gesellen- bzw. Abschlussprüfung in einem anerkannten Ausbildungsberuf

Klempnermeister/-in

- Abgeschlossene Gesellenprüfung als Klempner/ -in

  oder
- eine abgeschlossene Meisterprüfung in einem anderen Handwerk

  oder
- eine Abschlussprüfung in einem entsprechenden anerkannten industriellen Ausbildungsberuf

oder

- eine Gesellen- bzw. Abschlussprüfung in einem anderen anerkannten Ausbildungsberuf und eine mehrjährige Berufstätigkeit im Klempner-Handwerk

Konditormeister/-in

- Abgeschlossene Gesellenprüfung als Konditor/ -in

  oder
- eine abgeschlossene Meisterprüfung in einem anderen Handwerk

  oder
- eine Abschlussprüfung in einem entsprechenden anerkannten industriellen Ausbildungsberuf

  oder
- eine Gesellen- bzw. Abschlussprüfung in einem anderen anerkannten Ausbildungsberuf und eine mehrjährige Berufstätigkeit im Konditoren-Handwerk

Kraftfahrzeugtechnikermeister/-in

- Abgeschlossene Gesellenprüfung im Kfz-Handwerk

  oder
- eine abgeschlossene Meisterprüfung in einem anderen Handwerk

  oder
- eine Abschlussprüfung in einem entsprechenden anerkannten industriellen Ausbildungsberuf

  oder
- eine Gesellen- bzw. Abschlussprüfung in einem anderen anerkannten Ausbildungsberuf und eine mehrjährige Berufstätigkeit im Kraftfahrzeugtechniker-Handwerk

Landmaschinenmechanikermeister/-in

- Abgeschlossene Gesellenprüfung als Mechaniler/-in für Land-und Baumaschinentechnik
  oder
- eine abgeschlossene Meisterprüfung in einem anderen Handwerk
  oder
- eine Abschlussprüfung in einem entsprechenden anerkannten industriellen Ausbildungsberuf
  oder
- eine Gesellen- bzw. Abschlussprüfung in einem anderen anerkannten Ausbildungsberuf und eine mehrjährige Berufstätigkeit im Landmaschinenmechaniker-Handwerk

Maler-und Lackierermeister/-in

- Abgeschlossene Gesellenprüfung als Maler/-in und Lackierer/-in
  oder
- eine abgeschlossene Meisterprüfung in einem anderen Handwerk
  oder
- eine Abschlussprüfung in einem entsprechenden anerkannten industriellen Ausbildungsberuf
  oder
- eine Gesellen- bzw. Abschlussprüfung in einem anderen anerkannten Ausbildungsberuf und eine mehrjährige Berufstätigkeit im Maler-und Lackierer-Handwerk

Maurer-und Betonmeister/-in

- Abgeschlossene Gesellenprüfung als Maurer/-in, Feuerungs-und Schornsteinbauer/-in, Beton-und Stahlbetonbauer/-in

oder

- eine abgeschlossene Meisterprüfung in einem anderen Handwerk

  oder
- eine Abschlussprüfung in einem entsprechenden anerkannten industriellen Ausbildungsberuf

  oder
- eine Gesellen- bzw. Abschlussprüfung in einem anderen anerkannten Ausbildungsberuf und eine mehrjährige Berufstätigkeit im Maurer-und Betonbauer-Handwerk

Metallbauermeister/-in

- Abgeschlossene Gesellenprüfung als Metallbauer

  oder
- eine abgeschlossene Meisterprüfung in einem anderen Handwerk

  oder
- eine Abschlussprüfung in einem entsprechenden anerkannten industriellen Ausbildungsberuf

  oder
- eine Gesellen- bzw. Abschlussprüfung in einem anderen anerkannten Ausbildungsberuf und eine mehrjährige Berufstätigkeit im Metallbauer-Handwerk

Metallbildnermeister/-in

- eine Gesellen- bzw. Abschlussprüfung in einem anerkannten Ausbildungsberuf

Metallblasinstrumentenmachermeister/-in

- eine Gesellen- bzw. Abschlussprüfung in einem anerkannten Ausbildungsberuf

Modellbauermeister/-in

- eine Gesellen- bzw. Abschlussprüfung in anerkannten Ausbildungsberuf

Müllermeister/-in

- eine Gesellen- bzw. Abschlussprüfung in einem anerkannten Ausbildungsberuf

Ofen-und Luftheizungsbauermeister/-in

- Abgeschlossene Gesellenprüfung als Ofen-und Luftheizungsbauer/-in
  oder
- eine abgeschlossene Meisterprüfung in einem anderen Handwerk
  oder
- eine Abschlussprüfung in einem entsprechenden anerkannten industriellen Ausbildungsberuf
  oder
- eine Gesellen- bzw. Abschlussprüfung in einem anderen anerkannten Ausbildungsberuf und eine mehrjährige Berufstätigkeit im Ofen-und Luftheizungsbauer-Handwerk

Orgel- und Harmoniumbauermeister/-in

- eine Gesellen- bzw. Abschlussprüfung in einem anerkannten Ausbildungsberuf

Orthopädieschuhmachermeister/-in

- Abgeschlossene Gesellenprüfung als Orthopädieschuhmacher/-in
  oder

- eine abgeschlossene Meisterprüfung in einem anderen Handwerk
  oder
- eine Abschlussprüfung in einem entsprechenden anerkannten industriellen Ausbildungsberuf
  oder
- eine Gesellen- bzw. Abschlussprüfung in einem anderen anerkannten Ausbildungsberuf und eine mehrjährige Berufstätigkeit im Orthopädieschuhmacher-Handwerk

Orthopädietechnikermeister/-in

- Abgeschlossene Gesellenprüfung als Orthopädietechnikmechaniker/-in und Bandagist/-in
  oder
- eine abgeschlossene Meisterprüfung in einem anderen Handwerk
  oder
- eine Abschlussprüfung in einem entsprechenden anerkannten industriellen Ausbildungsberuf
  oder
- eine Gesellen- bzw. Abschlussprüfung in einem anderen anerkannten Ausbildungsberuf und eine mehrjährige Berufstätigkeit im Orthopädietechniker-Handwerk

Raumausstattermeister/-in

- eine Gesellen- bzw. Abschlussprüfung in einem anerkannten Ausbildungsberuf

Rollladen-und Sonnenschutzmeister/-in

- eine Gesellen- bzw. Abschlussprüfung in einem anerkannten Ausbildungsberuf

Sattler-und Feintäschnermeister/-in

- eine Gesellen- bzw. Abschlussprüfung in einem anerkannten Ausbildungsberuf

Schilder-und Lichtreklameherstellermeister/-in

- eine Gesellen- bzw. Abschlussprüfung in einem anerkannten Ausbildungsberuf

Schneidwerkzeugmechanikermeister/-in

- eine Gesellen- bzw. Abschlussprüfung in einem anerkannten Ausbildungsberuf

Schornsteinfegermeister/-in

- Abgeschlossene Gesellenprüfung als Schornsteinfeger/-in

  oder
- eine abgeschlossene Meisterprüfung in einem anderen Handwerk

  oder
- eine Abschlussprüfung in einem entsprechenden anerkannten industriellen Ausbildungsberuf

  oder
- eine Gesellen- bzw. Abschlussprüfung in einem anderen anerkannten Ausbildungsberuf und eine mehrjährige Berufstätigkeit im Schornsteinfeger-Handwerk

Schuhmachermeister/-in

- eine Gesellen- bzw. Abschlussprüfung in einem anerkannten Ausbildungsberuf

Siebdruckermeister/-in

- eine Gesellen- bzw. Abschlussprüfung in einem anerkannten Ausbildungsberuf

Steinmetz-und Steinbildhauermeister/-in

- Abgeschlossene Gesellenprüfung als Steinmetz/in und Steinbildhauer/-in
  oder
- eine abgeschlossene Meisterprüfung in einem anderen Handwerk
  oder
- eine Abschlussprüfung in einem entsprechenden anerkannten industriellen Ausbildungsberuf
  oder
- eine Gesellen- bzw. Abschlussprüfung in einem anderen anerkannten Ausbildungsberuf und eine mehrjährige Berufstätigkeit im Steinmetz-und Steinbildhauer-Handwerk

Straßenbauermeister/-in

- Abgeschlossene Gesellenprüfung als Straßenbauer/-in
  oder
- eine abgeschlossene Meisterprüfung in einem anderen Handwerk
  oder
- eine Abschlussprüfung in einem entsprechenden anerkannten industriellen Ausbildungsberuf
  oder

- eine Gesellen- bzw. Abschlussprüfung in einem anderen anerkannten Ausbildungsberuf und eine mehrjährige Berufstätigkeit im Straßenbauer-Handwerk

Stuckateurmeister/-in

- Abgeschlossene Gesellenprüfung als Stuckateur/ -in
  oder
- eine abgeschlossene Meisterprüfung in einem anderen Handwerk
  oder
- eine Abschlussprüfung in einem entsprechenden anerkannten industriellen Ausbildungsberuf
  oder
- eine Gesellen- bzw. Abschlussprüfung in einem anderen anerkannten Ausbildungsberuf und eine mehrjährige Berufstätigkeit im Stuckateur-Handwerk

Textilgestaltermeister/-in

- eine Gesellen- bzw. Abschlussprüfung in einem anerkannten Ausbildungsberuf

Tischlermeister/-in

- Abgeschlossene Gesellenprüfung als Tischler/ -in
  oder
- eine abgeschlossene Meisterprüfung in einem anderen Handwerk
  oder
- eine Abschlussprüfung in einem entsprechenden anerkannten industriellen Ausbildungsberuf
  oder

- eine Gesellen- bzw. Abschlussprüfung in einem anderen anerkannten Ausbildungsberuf und eine mehrjährige Berufstätigkeit im Tischler-Handwerk

Uhrmachermeister/-in
- eine Gesellen- bzw. Abschlussprüfung in einem anerkannten Ausbildungsberuf

Vulkaniseur-und Reifenmechanikermeister/-in
- Abgeschlossene Gesellenprüfung als Mechaniker/-in für Reifen-und Vulkanisationstechnik
  oder
- eine abgeschlossene Meisterprüfung in einem anderen Handwerk
  oder
- eine Abschlussprüfung in einem entsprechenden anerkannten industriellen Ausbildungsberuf
  oder
- eine Gesellen- bzw. Abschlussprüfung in einem anderen anerkannten Ausbildungsberuf und eine mehrjährige Berufstätigkeit im Mechaniker-Handwerk für Reifen-und Vulkanisationstechnik

Zahntechnikermeister/-in
- Abgeschlossene Gesellenprüfung als Zahntechniker/-in
  oder
- eine abgeschlossene Meisterprüfung in einem anderen Handwerk
  oder
- eine Abschlussprüfung in einem entsprechenden anerkannten industriellen Ausbildungsberuf

oder

- eine Gesellen- bzw. Abschlussprüfung in einem anderen anerkannten Ausbildungsberuf und eine mehrjährige Berufstätigkeit im Zahntechniker-Handwerk

Zimmerermeister/-in

- Abgeschlossene Gesellenprüfung als Zimmerer/Zimmerin

  oder
- eine abgeschlossene Meisterprüfung in einem anderen Handwerk

  oder
- eine Abschlussprüfung in einem entsprechenden anerkannten industriellen Ausbildungsberuf

  oder
- eine Gesellen- bzw. Abschlussprüfung in einem anderen anerkannten Ausbildungsberuf und eine mehrjährige Berufstätigkeit im Zimmerer-Handwerk

Zupfinstrumentenmachermeister/-in

- eine Gesellen- bzw. Abschlussprüfung in einem anerkannten Ausbildungsberuf

Zweiradmechanikermeister/-in

- Abgeschlossene Gesellenprüfung als Zweiradmechaniker/-in

  oder
- eine abgeschlossene Meisterprüfung in einem anderen Handwerk

  oder

- eine Abschlussprüfung in einem entsprechenden anerkannten industriellen Ausbildungsberuf
  <u>oder</u>
- eine Gesellen- bzw. Abschlussprüfung in einem anderen anerkannten Ausbildungsberuf und eine mehrjährige Berufstätigkeit im Zweiradmechaniker-Handwerk

<u>h) Industriemeister IHK</u>

Industriemeister/-in Akustik-und Trockenbau

- eine mit Erfolg abgeschlossene Ausbildung in dem anerkannten Ausbildungsberuf Trockenbaumonteur/-in und eine einschlägige Berufspraxis von mindestens zwei Jahren.
  <u>oder</u>
- eine mit Erfolg abgeschlossene Ausbildung in einem anderen Ausbauberuf der Stufenausbildung Bau und eine einschlägige Berufspraxis von mindestens drei Jahren
  <u>oder</u>
- falls keine abgeschlossene Ausbildung vorliegt, eine mindestens sechsjährige einschlägige Tätigkeit im Akustik- und Trockenbau

Industriemeister/-in Aluminium Be- und Verarbeitung

- eine mit Erfolg abgeschlossene Ausbildung in einem anerkannten Ausbildungsberuf, der dem Bereich Metall zugeordnet werden kann und eine einschlägige Berufspraxis von mindestens einem Jahr
  <u>oder</u>
- eine mit Erfolg abgeschlossene Ausbildung in einem anderen gewerblich-technischen oder handwerklichen Aus-

bildungsberuf und eine einschlägige Berufspraxis von mindestens drei Jahren

oder

- falls keine abgeschlossene Ausbildung vorliegt, muss eine mindestens sechsjährige Tätigkeit in der Aluminiumbe- und -verarbeitung nachgewiesen werden

Industriemeister/-in Betonsteinindustrie

- eine mit Erfolg abgeschlossene Ausbildung in einem anerkannten Ausbildungsberuf, der der Fachrichtung zugeordnet werden kann und eine einschlägige Berufspraxis von mindestens drei Jahren

  oder
- falls keine abgeschlossene Ausbildung vorliegt, eine mindestens achtjährige, einschlägige fachpraktische Tätigkeit, davon drei Jahre in der Betonsteinindustrie

Industriemeister/-in Buchbinderei

- eine mit Erfolg abgelegte Abschlussprüfung in einem anerkannten Ausbildungsberuf, der der Fachrichtung Buchbinderei zugeordnet werden kann, und danach eine mindestens einjährige einschlägige Berufspraxis

  oder
- eine mit Erfolg abgelegte Abschlussprüfung in einem anderen gewerblich-technischen oder handwerklichen Ausbildungsberuf und danach eine mindestens zweijährige einschlägige Berufspraxis

  oder
- eine mindestens fünfjährige einschlägige Berufspraxis

Industriemeister/-in Chemie

- eine mit Erfolg abgelegte Abschlussprüfung in einem anerkannten Ausbildungsberuf, der den Chemieberufen zugeordnet werden kann
  <u>oder</u>
- eine mit Erfolg abgelegte Abschlussprüfung in einem sonstigen anerkannten Ausbildungsberuf und danach eine mindestens einjährige Berufspraxis
  <u>oder</u>
- eine mindestens vierjährige Berufspraxis

Industriemeister/-in Elektrotechnik

- eine mit Erfolg abgelegte Abschlussprüfung in einem anerkannten Ausbildungsberuf, der den Elektrotechnikberufen zugeordnet werden kann
  <u>oder</u>
- eine mit Erfolg abgelegte Abschlussprüfung in einem sonstigen anerkannten Ausbildungsberuf und danach mindestens sechs Monate Berufspraxis
  <u>oder</u>
- eine mindestens vierjährige Berufspraxis

Industriemeister/-in Fahrzeuginnenausstattung

- eine mit Erfolg abgeschlossene Ausbildung in einem dreijährigen, anerkannten Ausbildungsberuf, der der Fachrichtung Fahrzeuginnenausstattung zugeordnet ist und eine einschlägige Berufspraxis von mindestens 2 Jahren
  <u>oder</u>
- eine mit Erfolg abgeschlossene Ausbildung in einem anderen dreijährigen, anerkannten gewerblich-technischen oder handwerklichen Ausbildungsberuf und eine einschlägige Berufspraxis von mindestens 3 Jahren

oder

- falls keine abgeschlossene Ausbildung vorliegt, muss eine mindestens sechsjährige einschlägige Tätigkeit nachgewiesen werden

Industriemeister/-in Fruchtsaft und Getränke

- eine mit Erfolg abgeschlossene Ausbildung in einem anerkannten Ausbildungsberuf, der der Fachrichtung Fruchtsaft und Getränke oder Lebensmitteltechnik zugeordnet werden kann und eine einschlägige Berufspraxis von mindestens einem Jahr

  oder
- eine mit Erfolg abgeschlossene Ausbildung in einem sonstigen anerkannten Ausbildungsberuf und eine einschlägige Berufspraxis von mindestens 1 1/2 Jahren

  oder
- eine mindestens fünfjährige einschlägige Berufspraxis

Industriemeister/-in Gießerei

- eine mit Erfolg abgeschlossene Abschlussprüfung in einem anerkannten Ausbildungsberuf, der den Gießereiberufen zugeordnet werden kann und danach eine mindestens einjährige einschlägige Berufspraxis

  oder
- eine mit Erfolg abgeschlossene Ausbildung in einem anerkannten Ausbildungsberuf und danach eine mindestens 18-monatige einschlägige Berufspraxis

  oder
- eine mindestens fünfjährige einschlägige Berufspraxis

Industriemeister/-in Glas

- eine mit Erfolg abgelegte Abschlussprüfung in einem anerkannten Ausbildungsberuf, der der Fachrichtung Glas zugeordnet werden kann, und danach eine mindestens einjährige einschlägige Berufspraxis
  oder
- eine mit Erfolg abgelegte Abschlussprüfung in einem anderen gewerblich-technischen oder handwerklichen Ausbildungsberuf und danach eine mindestens zweijährige einschlägige Berufspraxis
  oder
- eine mindestens fünfjährige einschlägige Berufspraxis

Industriemeister/-in Gleisbau

- eine mit Erfolg abgelegte Abschlussprüfung im anerkannten Ausbildungsberuf Gleisbauer und danach eine einschlägige Berufspraxis von drei Jahren
  oder
- eine mit Erfolg abgelegte Abschlussprüfung in einem anerkannten Ausbildungsberuf der Stufenbildungsverordnung Bau und danach eine einschlägige Berufspraxis von 4 Jahren
  oder
- eine mindestens 8jährige einschlägige Berufspraxis

Industriemeister/-in Holz

- eine mit Erfolg abgeschlossene Ausbildung in einem anerkannten Ausbildungsberuf, der der Fachrichtung Holztechnik zugeordnet werden kann und eine einschlägige Berufspraxis von mindestens zwei Jahren
  oder

- eine mit Erfolg abgeschlossene Ausbildung in einem anderen gewerblich-technischen oder handwerklichen Ausbildungsberuf und eine einschlägige Berufspraxis von mindestens drei Jahren
  oder
- falls keine abgeschlossene Ausbildung vorliegt, eine mindestens sechsjährige einschlägige Berufspraxis

Industriemeister/-in Hüttentechnik

- eine mit Erfolg abgelegte Abschlussprüfung in einem anerkannten Ausbildungsberuf, der den Fachrichtungen Hüttentechnik, Metall oder Chemie zugeordnet werden kann, und danach eine mindestens einjährige Berufspraxis
  oder
- eine mit Erfolg abgelegte Abschlussprüfung in einem sonstigen anerkannten Ausbil-dungsberuf und danach mindestens 18 Monate Berufspraxis
  oder
- eine mindestens fünfjährige Berufspraxis

Industriemeister/-in Isolierung

- eine mit Erfolg abgelegte Abschlussprüfung in einem anerkannten Ausbildungsberuf, der der Fachrichtung Isolierung (Wärme-, Kälte-, Schall- und Brandschutz) zugeordnet werden kann, und danach eine mindestens zweijährige Berufspraxis im Bereich Isolierung
  oder
- eine mit Erfolg abgelegte Abschlussprüfung in einem anderen gewerblich-technischen oder handwerklichen Ausbildungsberuf und danach eine mindestens dreijährige Berufspraxis im Bereich Isolierung

oder

- eine mindestens sechsjährige Berufspraxis im Bereich Isolierung

Industriemeister/-in Kalk und Zement

- eine mit Erfolg abgeschlossene Ausbildung in einem anerkannten Ausbildungsberuf, der der Fachrichtung zugeordnet werden kann und eine einschlägige Berufspraxis von mindestens drei Jahren
  oder
- eine mit Erfolg abgeschlossene Ausbildung in einem anerkannten Ausbildungsberuf, der der Fachrichtung Metall, Elektro, Baustoffprüfung oder Chemie zugeordnet werden kann und eine einschlägige Berufspraxis von mindestens vier Jahren
  oder
- falls keine abgeschlossene Ausbildung vorliegt, eine mindestens achtjährige, einschlägige Berufspraxis in der Kalk- oder Zementindustrie

Industriemeister/-in Keramik

- eine mit Erfolg abgeschlossene Ausbildung in einem anerkannten Ausbildungsberuf, der der Fachrichtung Keramik zugeordnet werden kann und eine mindestens zweijährige Berufspraxis in der keramischen Industrie
  oder
- eine mit Erfolg abgeschlossene Ausbildung in einem anderen anerkannten gewerblich-technischen Ausbildungsberuf und eine mindestens dreijährige Berufspraxis in der keramischen Industrie
  oder

- eine mindestens sechsjährige Berufspraxis in der keramischen Industrie, falls keine abgeschlossene Ausbildung vorliegt

Industriemeister/-in Kunststoff und Kautschuk

- eine mit Erfolg abgelegte Abschlussprüfung in einem anerkannten Ausbildungsberuf, der der Fachrichtung Kunststoff und Kautschuk zugeordnet werden kann, und danach eine mindestens zweijährige einschlägige Berufspraxis in der Kunststoff- und Kautschuktechnik

  <u>oder</u>
- eine mit Erfolg abgelegte Abschlussprüfung in einem anerkannten Ausbildungsberuf der Fachrichtung Metall, Elektro, Holz oder Chemie und danach eine mindestens dreijährige Berufspraxis in der Kunststoff- und Kautschuktechnik

  <u>oder</u>
- eine mindestens sechsjährige einschlägige Berufspraxis in der Kunststoff- und Kautschuktechnik

Industriemeister/-in Lack

- eine mit Erfolg abgeschlossene Ausbildung in einem anerkannten Ausbildungsberuf, der der Fachrichtung Lack zugeordnet werden kann und eine einschlägige Berufspraxis von mindestens 3 Jahren

  <u>oder</u>
- falls keine abgeschlossene Ausbildung vorliegt, eine mindestens achtjährige einschlägige Berufspraxis

Industriemeister/-in Lebensmittel

- eine mit Erfolg abgelegte Abschlussprüfung in einem anerkannten Ausbildungsberuf, der der Fachrichtung Lebensmittel zugeordnet werden kann, und danach eine mindestens einjährige einschlägige Berufspraxis
  oder
- eine mit Erfolg abgelegte Abschlussprüfung in einem dem Berufsfeld Ernährung und Hauswirtschaft zugehörigen Ausbildungsberuf und danach eine mindestens zweijährige einschlägige Berufspraxis
  oder
- eine mindestens fünfjährige einschlägige Berufspraxis

Industriemeister/-in Lederherstellung

- eine mit Erfolg abgelegte Abschlussprüfung in einem anerkannten Ausbildungsberuf, der den Fachrichtungen Gerber, Lederherstellung oder Pelzveredelung zugeordnet werden kann und danach eine mindestens einjährige Berufspraxis
  oder
- eine mit Erfolg abgelegte Abschlussprüfung in einem sonstigen anerkannten Ausbildungsberuf mit Bezug zur Lederindustrie und danach eine mindestens zweijährige Berufspraxis
  oder
- eine mindestens fünfjährige einschlägige Berufspraxis

Industriemeister/-in Leit-und Sicherungstechnik (Eisenbahn)

- eine mit Erfolg abgelegte Abschlussprüfung in einem anerkannten Ausbildungsberuf, der den Metallberufen zu-

geordnet werden kann und eine einschlägige Berufspraxis von 4 Jahren
<u>oder</u>
- eine mit Erfolg abgelegte Abschlussprüfung in einem anerkannten Ausbildungsberuf, der den Elektroberufen zugeordnet werden kann und eine einschlägige Berufspraxis von 2 Jahren
<u>oder</u>
- Eine einschlägige Berufspraxis von 8 Jahren

Industriemeister/-in Leitungsbau

- eine mit Erfolg abgelegte Ausbildung in den anerkannten Ausbildungsberufen Kanalbauer/-in oder Rohrleitungsbauer/-in oder in einem verwandten Beruf und danach eine mindestens zweijährige Berufspraxis im Bereich Leitungsbau
<u>oder</u>
- eine mit Erfolg abgeschlossene Ausbildung in einem anderen gewerblich-technischen oder handwerklichen Ausbildungsberuf und eine mindestens dreijährige Berufspraxis im Bereich Leitungsbau
<u>oder</u>
- falls keine abgeschlossene Berufsausbildung vorliegt, eine achtjährige Berufspraxis im Bereich Leitungsbau

Industriemeister/-in Luftfahrttechnik

- eine mit Erfolg abgelegte Abschlussprüfung in dem anerkannten Ausbildungsberuf, der den luftfahrttechnischen Berufen zugeordnet werden kann
<u>oder</u>
- eine mit Erfolg abgelegte Abschlussprüfung in einem anerkannten Ausbildungsberuf, der den Metall-,Elektro-

und fahrzeugtechnischen Berufen zugeordnet werden kann und danach eine mindestens einjährige Berufspraxis
oder

- eine mit Erfolg abgelegte Abschlussprüfung in einem sonstigen anerkannten Ausbildungsberuf und danach mindestens zweijährige Berufspraxis
oder
- eine mindestens vierjährige Berufspraxis

Industriemeister/-in Mechatronik

- eine mit Erfolg abgelegte Abschlussprüfung in dem anerkannten Ausbildungsberuf Mechatroniker/-in oder einem anerkannten Ausbildungsberuf, der den Metall-, Elektro-, fahrzeugtechnischen und informationstechnischen Berufen zugeordnet werden kann
oder
- eine mit Erfolg abgelegte Abschlussprüfung in einem sonstigen anerkannten Ausbildungsberuf und danach mindestens sechs Monate Berufspraxis
oder
- eine mindestens vierjährige Berufspraxis

Industriemeister/-in Metall

- eine mit Erfolg abgelegte Abschlussprüfung in einem anerkannten Ausbildungsberuf, der den Metallberufen zugeordnet werden kann
oder
- eine mit Erfolg abgelegte Abschlussprüfung in einem sonstigen anerkannten Ausbildungsberuf und danach eine mindestens zweijährige Berufspraxis
oder
- eine mindestens vierjährige Berufspraxis

Industriemeister/-in Naturwerkstein

- eine mit Erfolg abgeschlossene Abschlussprüfung in einem anerkannten Ausbildungsberuf, der der Fachrichtung Naturwerkstein zugeordnet werden kann
  <u>oder</u>
- eine mit Erfolg abgeschlossene Abschlussprüfung in einem sonstigen anerkannten Ausbildungsberuf und danach eine mindestens zweijährige Berufspraxis
  <u>oder</u>
- eine mindestens vierjährige Berufspraxis

Industriemeister/-in Optik

- eine mit Erfolg abgeschlossene Ausbildung in einem anerkannten Ausbildungsberuf, der der Fachrichtung Optik zugeordnet werden kann und eine einschlägige Berufspraxis von mindestens zwei Jahren
  <u>oder</u>
- eine mit Erfolg abgeschlossene Ausbildung in einem anderen gewerblich-technischen oder handwerklichen Ausbildungsberuf und eine einschlägige Berufspraxis von mindestens drei Jahren
  <u>oder</u>
- eine mindestens sechsjährige einschlägige Berufspraxis, falls keine abgeschlossene Ausbildung vorliegt

Industriemeister/-in Papier und Kunststoffverarbeitung

- eine mit Erfolg abgelegte Abschlussprüfung in einem anerkannten Ausbildungsberuf, der der papier- und kunststoffverarbeitenden Industrie zugeordnet werden kann
  <u>oder</u>

- eine mit Erfolg abgelegte Abschlussprüfung in einem sonstigen anerkannten Ausbildungsberuf und danach eine mindestens einjährige Berufspraxis
  oder
- eine mindestens vierjährige Berufspraxis

Industriemeister/-in Papiererzeugung

- eine mit Erfolg abgelegte Abschlussprüfung in einem anerkannten Ausbildungsberuf, der der papier- und zellstofferzeugenden Industrie zugeordnet werden kann, und danach eine mindestens einjährige Berufspraxis
  oder
- eine mit Erfolg abgelegte Abschlussprüfung in einem sonstigen anerkannten Ausbildungsberuf und danach eine mindestens zweijährige Berufspraxis
  oder
- eine mindestens fünfjährige Berufspraxis

Industriemeister/-in Pharmazie

- eine abgeschlossene Berufsausbildung in einem anerkannten Ausbildungsberuf des Chemiebereichs
  oder
- eine mit Erfolg abgelegte Abschlussprüfung in einem sonstigen anerkannten Ausbildungsberuf und danach eine mindestens einjährige Berufspraxis
  oder
- eine mindestens vierjährige Berufspraxis

Industriemeister/-in Polsterei/Polstermöbel

- eine mit Erfolg abgeschlossene Ausbildung in einem einschlägigen Beruf und eine einschlägige Berufspraxis von mindestens drei Jahren

  oder
- eine mindestens achtjährige einschlägige Tätigkeit, falls keine abgeschlossene Ausbildung vorliegt

Industriemeister Printmedien

- eine mit Erfolg abgelegte Abschlussprüfung in einem anerkannten Ausbildungsberuf, der der Druck- und Medienwirtschaft zugeordnet werden kann

  oder
- eine mit Erfolg abgelegte Abschlussprüfung in einem sonstigen anerkannten Ausbildungsberuf und danach eine mindestens einjährige Berufspraxis

  oder
- eine mindestens vierjährige Berufspraxis

Industriemeister/-in Rohrleitungsbau

- eine mit Erfolg abgeschlossene Ausbildung in einem anerkannten Ausbildungsberuf der Fachrichtung Rohrleitungsbau und eine einschlägige Berufspraxis von mindestens drei Jahren

  oder
- eine mindestens achtjährige einschlägige Tätigkeit im Rohrleitungsbau

Industriemeister/-in Sägeindustrie

- eine mit Erfolg abgeschlossene Ausbildung in einem anerkannten Ausbildungsberuf, der der Fachrichtung Säge-

industrie zugeordnet werden kann und eine einschlägige Berufspraxis von mindestens einem Jahr
oder
- eine mit Erfolg abgeschlossene Ausbildung in einem anderen anerkannten gewerblich-technischen oder handwerklichen Ausbildungsberuf und eine einschlägige Berufspraxis von mindestens 2 Jahren
oder
- eine mindestens vierjährige einschlägige Tätigkeit, falls keine abgeschlossene Ausbildung vorliegt

Industriemeister/-in Schuhfertigung
- eine mit Erfolg abgelegte Abschlussprüfung in einem dreijährigen anerkannten Ausbildungsberuf, der den Berufen der Schuhindustrie oder des Schuhmacherhandwerks zugeordnet werden kann
oder
- eine mit Erfolg abgelegte Abschlussprüfung in einem anderen anerkannten Ausbildungsberuf der schuh- und lederverarbeitenden Industrie und eine mindestens sechsmonatige Berufspraxis
oder
- eine mit Erfolg abgelegte Abschlussprüfung in einem sonstigen anerkannten Ausbildungsberuf und danach eine mindestens einjährige Berufspraxis
oder
- eine mindestens vierjährige Berufspraxis

Industriemeister/-in Süßwaren
- eine mit Erfolg abgelegte Abschlussprüfung in einem anerkannten Ausbildungsberuf, der der Fachrichtung Süßwaren zugeordnet werden kann, und danach eine min-

destens einjährige einschlägige Berufspraxis im Bereich Süßwaren

oder

- eine mit Erfolg abgelegte Abschlussprüfung in einem anerkannten Ausbildungsberuf der Ernährungswirtschaft und danach eine mindestens zweijährige Berufspraxis im Bereich der Ernährungswirtschaft

  oder

- eine mindestens fünfjährige einschlägige Berufspraxis, die der Fachrichtung Süßwaren zugeordnet werden kann

Industriemeister/-in Technische Wagenbehandlung-Eisenbahn

- eine mit Erfolg abgeschlossene Ausbildung in einem anerkannten Ausbildungsberuf, der der Fachrichtung Metall oder Elektrotechnik zugeordnet werden kann und eine einschlägige Berufspraxis von mindestens zwei Jahren

  oder

- eine mit Erfolg abgelegte Abschlussprüfung in einem sonstigen anerkannten Aus- bildungsberuf und danach eine mindestens dreijährige einschlägige Berufspraxis

  oder

- eine mindestens sechsjährige einschlägige Berufspraxis

Industriemeister/-in Textilwirtschaft

- eine mit Erfolg abgelegte Abschlussprüfung in einem anerkannten Ausbildungsberuf, der den Berufen der Textilwirtschaft zugeordnet werden kann,

  oder

- eine mit Erfolg abgelegte Abschlussprüfung in einem sonstigen anerkannten Ausbildungsberuf und danach eine mindestens einjährige Berufspraxis

oder
- eine mindestens vierjährige Berufspraxis

i) weitere gewerblich-technische Weiterbildungen

Barmixer/-in
- eine mit Erfolg abgelegte Abschlussprüfung in einem dreijährigen anerkannten Ausbildungsberuf und danach eine mindestens einjährige Berufspraxis
  oder
- eine mit Erfolg abgelegte Abschlussprüfung in einem zweijährigen anerkannten Ausbildungsberuf und danach eine mindestens zweijährige Berufspraxis
  oder
- eine mindestens vierjährige Berufspraxis

Baumaschinenführer/-in
- eine erfolgreich abgelegte Abschlussprüfung in einem einschlägigen anerkannten Ausbildungsberuf und eine anschließende einjährige Berufspraxis
  oder
- eine erfolgreich abgelegte Abschlussprüfung in einem sonstigen anerkannten Ausbildungsberuf und eine anschließende zweijährige Berufspraxis
  oder
- eine fünfjährige Berufspraxis

Diätkoch/Diätköchin

- eine mit Erfolg abgelegte Abschlussprüfung im anerkannten Ausbildungsberuf Koch/Köchin und danach eine mindestens einjährige Berufspraxis
  <u>oder</u>
- eine mit Erfolg abgelegte Abschlussprüfung in einem dem Berufsfeld Ernährung und Hauswirtschaft zugehörigen Ausbildungsberuf und danach eine mindestens zwei- jährige Berufspraxis
  <u>oder</u>
- eine mindestens fünfjährige Berufspraxis

Flugzeugabfertiger/-in

- eine Abschlussprüfung in einem anerkannten Ausbildungsberuf und eine mindestens dreijährige Berufspraxis
  <u>oder</u>
- eine vierjährige Berufspraxis

Freigabeberechtigtes Personal in der Luftfahrttechnik

- Grundkenntnisse in Englisch
- Berufsausbildung in einem Metallberuf
  <u>oder</u>
- in einem elektronischen Beruf
  <u>oder</u>
- Berufsausbildung als Fluggerätemechaniker/-in
  <u>oder</u>
- Berufsausbildung als Fluggeräteelektroniker/-in
  <u>oder</u>
- Bei fehlender beruflicher Vorbildung ist eine Kombination mit einer Umschulung zum/zur Instandhaltungsmechaniker/-in Luftfahrttechnik oder zum/zur Struktur-

mechaniker/-in oder zum/zur Techniker/-in für Luftfahrzeuge möglich

Geprüfte Schutz- und Sicherheitskraft

- eine mit Erfolg abgelegte Abschlussprüfung in einem anerkannten Ausbildungsberuf und danach eine mindestens zweijährige Berufspraxis in der Sicherheitswirtschaft
  oder
- eine mindestens fünfjährige Berufspraxis, von der mindestens drei Jahre in der Sicherheitswirtschaft abgeleistet sein müssen
  und
- ein Mindestalter von 24 Jahren
  und
- die Teilnahme an einem Erste-Hilfe-Lehrgang, dessen Beendigung nicht länger als 24 Monate zurückliegt

Gerüstbau-Kolonnenführer/-in

- eine Abschlussprüfung in einem einschlägigen anerkannten Ausbildungsberuf und danach eine einjährige einschlägige Berufstätigkeit
  oder
- eine Abschlussprüfung in einem sonstigen anerkannten Ausbildungsberuf und eine zweijährige einschlägige Berufspraxis
  oder
- eine mindestens fünfjährige einschlägige Berufspraxis

Konstrukteur/-in

- eine Abschlussprüfung als Technische/r Systemplaner/-in, Technische/r Produktdesigner/-in bzw. Technische/r Zeichner/-in oder eine Abschlussprüfung in einem anerkannten Ausbildungsberuf, der den Metall-, Elektro- oder Holzberufen zuzuordnen ist, und eine mindestens dreijährige einschlägige Berufspraxis

  oder
- eine mindestens siebenjährige einschlägige Berufspraxis im Konstruktionsbereich oder in einem Metall-, Elektro- oder Holzberuf

Kraftfahrzeug-Servicetechniker/-in

- eine mit Erfolg abgelegte Abschlussprüfung in einem der (Alt)-Ausbildungsberufe Kraftfahrzeugmechaniker/-in, Kraftfahrzeugelektriker/-in und Automobilmechaniker/-in oder in dem neuen anerkannten Ausbildungsberuf Kraftfahrzeugmechatroniker/-in

  oder
- eine mit Erfolg abgelegte Abschlussprüfung in einem anderen fahrzeugtechnischen Beruf und ein Jahr Berufspraxis in der Kraftfahrzeuginstandsetzung

  oder
- eine mit Erfolg abgelegte Abschlussprüfung in einem anderen Metall- oder Elektroberuf und drei Jahre Berufspraxis in der Kraftfahrzeuginstandsetzung

Kraftwerker/-in

- eine mit Erfolg abgelegte Abschlussprüfung in einem anerkannten Ausbildungsberuf, der den Metall- oder Elektroberufen oder den Produktionsberufen der Chemie zugeordnet werden kann

oder

- eine mindestens vierjährige Berufspraxis im Fahrbetrieb und in der Instandhaltung eines Kraftwerks

Kundenberater/-in Gartenbau

- eine mit Erfolg abgelegte Abschlussprüfung in dem anerkannten Ausbildungsberuf Gärtner/Gärtnerin und danach eine mindestens einjährige Berufspraxis in Betrieben des Gartenbaus oder in Betrieben mit überwiegendem Absatz von Gartenbauprodukten

  oder
- eine mit Erfolg abgelegte Abschlussprüfung in den anerkannten Ausbildungsberufen Landwirt/-in, Winzer/-in, Hauswirtschafter/-in - Schwerpunkt ländliche Hauswirtschaft oder Forstwirt/ -in und danach eine mindestens zweijährige Berufspraxis in Betrieben des Gartenbaus oder in Betrieben mit überwiegendem Absatz von Gartenbauprodukten

  oder
- eine mindestens sechsjährige Tätigkeit in Betrieben des Gartenbaus oder in Betrieben mit überwiegendem Absatz von Gartenbauprodukten

  oder
- eine mindestens fünfjährige Tätigkeit in Betrieben der Landwirtschaft, des Weinbaus oder der Hauswirtschaft - Schwerpunkt ländliche Hauswirtschaft oder der Forstwirtschaft und danach eine mindestens zweijährige Tätigkeit in Betrieben des Gartenbaus oder in Betrieben mit überwiegendem Absatz von Gartenbauprodukten

Natur- und Landschaftspfleger/-in

- eine mit Erfolg abgelegte Abschlussprüfung in einem der anerkannten Ausbildungsberufe Landwirt/-in, Gärtner/-in, Forstwirt/-in, Revierjäger/-in, Winzer/-in, Fischwirt/-in, Tierwirt/-in der Fachrichtung Schäferei oder Wasserbauer/-in

  und
- eine mindestens dreijährige Berufspraxis in einem der genannten Berufe

Netzmonteur/-in

- eine mit Erfolg abgelegte Abschlussprüfung in einem anerkannten Ausbildungsberuf in einem Metall-, Elektro- oder einschlägigen Bauberuf und danach eine mindestens zwei- jährige einschlägige Berufspraxis

  oder
- eine mit Erfolg abgelegte Abschlussprüfung in einem anderen anerkannten Ausbil- dungsberuf und danach eine mindestens dreijährige einschlägige Berufspraxis

  oder
- eine mindestens sechsjährige einschlägige Berufspraxis

Prozessmanager/-in Elektrotechnik

- eine mit Erfolg abgelegte Abschlussprüfung in einem anerkannten Ausbildungsberuf, die dem Bereich der Elektrotechnik zugeordnet werden kann, und danach eine einschlägige Berufspraxis, die unter Anrechnung der in der Ausbildungsordnung für den Aus- bildungsberuf vorgeschriebenen Ausbildungsdauer mindestens vier Jahre beträgt

  oder

- eine mit Erfolg abgelegte Abschlussprüfung in einem sonstigen anerkannten Ausbildungsberuf und danach eine einschlägige Berufspraxis, die unter Anrechnung der in der Ausbildungsordnung für den Ausbildungsberuf vorgeschriebenen Ausbildungs- dauer mindestens fünf Jahre beträgt

  oder
- eine mindestens fünfjährige Berufspraxis

Prozessmanager/-in Mikrotechnologie

- eine mit Erfolg abgelegte Abschlussprüfung im anerkannten Ausbildungsberuf „Mikrotechnologe" und danach eine mindestens einjährige Berufspraxis

  oder
- eine mit Erfolg abgelegte Abschlussprüfung in einem sonstigen anerkannten Ausbildungsberuf und danach eine mindestens zweijährige Berufspraxis

  oder
- eine mindestens vierjährige Berufspraxis

Prozessmanager/-in Produktionstechnologie

- eine mit Erfolg abgelegte Abschlussprüfung im anerkannten Ausbildungsberuf „Produktionstechnologe/-in" und danach eine mindestens einjährige Berufspraxis

  oder
- eine mit Erfolg abgelegte Abschlussprüfung in einem sonstigen anerkannten Ausbildungsberuf und danach eine mindestens zweijährige Berufspraxis

  oder
- eine mindestens vierjährige Berufspraxis

Requisiteur/-in

- eine mit Erfolg abgelegte Ausbildungs-Abschlussprüfung als Fachkraft für Veranstaltungstechnik und danach eine mindestens einjährige Berufspraxis
  <u>oder</u>
- eine mit Erfolg abgelegte Abschlussprüfung in einem anderen anerkannten Ausbildungsberuf und danach eine mindestens zweijährige Berufspraxis
  <u>oder</u>
- eine mindestens sechsjährige Berufspraxis

Schließ- und Sicherungstechniker/-in

- eine mit Erfolg abgelegte Abschlussprüfung zum/zur Metallbauer/-in, Elektroniker/-in, Informationselektroniker/-in, Konstruktionsmechaniker/-in, Anlagenmechaniker/-in und Elektroniker/-in für Gebäude und Infrastruktursysteme
  <u>oder</u>
- eine mit Erfolg abgelegte Abschlussprüfung in einem anderen anerkannten Metall- oder Elektroberuf, zum/zur Glaser/-in, Tischler/-in oder Rollladen- und Sonnenschutzmechatroniker/-in und danach mindestens eine einjährige Berufspraxis
  <u>oder</u>
- eine mit Erfolg abgelegte Abschlussprüfung in einem anderen anerkannten Ausbil- dungsberuf und danach eine mindestens zweijährige Berufspraxis
  <u>oder</u>
- eine mindestens vierjährige Berufspraxis

Taucher/-in

- eine Abschlussprüfung in einem anerkannten Ausbildungsberuf oder eine wenigstens vierjährige Berufspraxis
  und
- eine mindestens zweijährige betriebliche Praxis in einem Tauchunternehmen
  und
- die regelmäßige Teilnahme am Weiterbildungslehrgang

j) weitere kaufmännische Weiterbildungen

Aus- und Weiterbildungspädagoge/-in

- einen Abschluss in einem anerkannten mindestens dreijährigen Ausbildungsberuf und eine anschließende mindestens einjährige Berufspraxis
  oder
- in einem sonstigen anerkannten Ausbildungsberuf und eine anschließende mindestens zweijährige Berufspraxis und eine erfolgreich abgelegte Prüfung nach § 4 der Ausbil- der-Eignungsverordnung oder eine vergleichbare berufs- und arbeitspädagogische Qualifikation nachweist.

Berufspädagoge/-in

- erfolgreicher Fortbildungsabschluss zum/ zur Geprüften Aus- und Weiterbildungspädagogen/ -in oder einen Fortbildungsabschluss zum/ zur Fachwirt/ -in, zum/ zur Fachkaufmann/ -frau, zum/ zur Industrie-, Fach- oder Handwerksmeister/ -in oder einen vergleichbaren Fortbildungsabschluss nach einer Fortbildungsregelung auf Grund des Berufsbildungsgesetzes oder der Handwerks-

ordnung und eine anschließende min- destens einjährige Berufspraxis
oder

- ein abgeschlossenes Hochschulstudium oder einen staatlich anerkannten Fachschulabschluss nach einer zweijährigen Fortbildung und eine anschließende mindestens zweijährige Berufspraxis
oder
- eine mit Erfolg abgelegte Abschlussprüfung in einem anerkannten Ausbildungsberuf und eine anschließende mindestens fünfjährige Berufspraxis und eine erfolgreich abgelegte Prüfung nach § 4 der Ausbilder - Eignungsverordnung oder eine vergleichbare berufs- und arbeitspädagogische Qualifikation

Handelsassistent/-in Einzelhandel

- eine mit Erfolg abgelegte Abschlussprüfung in einem anerkannten dreijährigen kaufmännischen Ausbildungsberuf im Einzelhandel und danach eine mindestens einjährige Berufspraxis
oder
- eine mit Erfolg abgelegte Abschlussprüfung im zweijährigen Ausbildungsberuf Verkäufer/ -in oder in einem anderen anerkannten Ausbildungsberuf und danach eine mindestens zweijährige Berufspraxis
oder
- eine mindestens fünfjährige Berufspraxis

Pharmareferent/-in

- eine mit Erfolg abgelegte Abschlussprüfung in einem anerkannten medizinischen, naturwissenschaftlichen, heilberuflichen oder kaufmännischen Ausbildungsberuf, der

wesentliche Bezüge zu den Qualifikationsinhalten nach § 3 der Fortbildungs-VO hat, und danach eine mindestens zweijährige Berufspraxis
oder
- eine mindestens fünfjährige Berufspraxis
sowie
- die Teilnahme an einer Bildungsmaßnahme gemäß der Anlage 3 der Fortbildungs-VO oder wer glaubhaft macht, entsprechende Kenntnisse über „Naturwissenschaftliche und medizinische Grundlagen", über „Pharmakologie, die Pharmakotherapie und Krankheitsbilder", über „Arzneimittelrecht, das Gesundheitsmanagement und -ökonomie" sowie über „Kommunikation, Pharmamarkt, Pharmamarketing" auf andere Weise erworben zu haben.

Sozialsekretär/-in
- eine mit Erfolg abgeschlossene Berufsausbildung und eine mindestens dreijährige Berufspraxis, die dem angestrebten Abschluss dienlich ist
oder
- eine mindestens sechsjährige Berufspraxis und ehrenamtliche Praxiserfahrungen in Tätigkeitsfeldern des Sozialsekretärs
und
- die Teilnahme an einer Weiterbildungsmaßnahme, in der das für die Prüfung erforderliche Wissen vermittelt wird

Wirtschaftsassistent/-in Industrie
eine erfolgreich abgelegte Abschlussprüfung in einem anerkannten kaufmännischen Ausbildungsberuf mit einer dreijährigen Ausbildungsdauer, eine mindestens einjährige

Berufspraxis und die Teilnahme an einer beruflichen Fortbildungsmaßnahme

k) Allgemeine Qualifizierungen

Die allgemeinen Qualifizierungen umfassen alle Angebote, die nicht direkt berufsbezogen sind.
In der Praxis sind berufliche und allgemeine Qualifizierungen miteinander verzahnt. Deutlich wird das am Beispiel der Vermittlung von allgemeinen Kompetenzen, die über die Spezialkompetenzen für den Arbeitsplatz hinausgehen. Das Erlernen fremder Sprachen ist dafür ein typisches Beispiel. Diese sogenannten Schlüsselqualifikationen dienen nicht allein der allgemeinen Persönlichkeitsbildung, sondern sind für Beruf und Arbeitswelt von großer Bedeutung. Heute zählen hierzu ganz allgemein Kommunikations- und Teamfähigkeit, Kreativität, und Medienkompetenz. Hinzu kommt die politische und die kulturelle Qualifizierung.
Für Angebote der allgemeinen Qualifizierungen bestehen in der Regel keine Zugangsvoraussetzungen.

In diesem Segment sind Angebote zum Thema Gesundheit und gesundheitsgerechte Lebensführung am beliebtesten, dicht gefolgt von EDV, Computer und Digitalisierung. Außerdem besuchen die Deutschen gerne Kurse zu den Themen:

- Rechtsfragen (vor allem in den Bereichen Versicherungs-, Renten und Steuerfragen)
- Sprachkenntnisse
- Anregungen für aktive Freizeitgestaltung
- Sportkurse (in denen Kenntnisse über Sportarten vermittelt werden)

- Kindererziehung
- Umweltschutz, Ökologie
- Allgemeines Wissen (vor allem in den Bereichen Geschichte, Literatur, Kunst oder auch Religion)

Das Spektrum von Angeboten erreicht unter anderem auch Lehrgänge und Kurse zu ausgefallenen und exotischen Themen.
Aber auch der Erwerb der Ausbildereignung, des Führerscheins bzw. der Erlaubnis zur Personenbeförderung sind hier stark nachgefragte Themen.

4. Fallbeispiele für Strategien beruflicher Zielerreichung

Nachfolgend finden sich einige Fallbeispiele, die darstellen sollen, welche Möglichkeiten es für junge Menschen gibt, beruflich Fuß zu fassen. Dabei erhebt die Darstellung keinen Anspruch auf Vollständigkeit. Die Beispiele sind willkürlich gewählt und bilden lediglich einen kleinen Ausschnitt aus dem Portfolio der Möglichkeiten.
Einzelheiten zu Inhalten, Zugangsvoraussetzungen, Prüfungsregelungen und auch **eine Sammlung aller relevanten Rechtsgrundlagen** zum beruflichen Ein-und Umstieg finden sich ausführlich unter **www.tempbus.de/berufswelt.**

Fallbeispiel 1

A hat schon seit langem einen beruflichen Traum: Sie möchte eines Tages eine private Autowerkstatt betreiben.

Das berufliche Ziel soll so schnell wie möglich erreicht werden.
Der erstrebte Berufswunsch ist ein Handwerksberuf und der Betrieb ein sogenanntes zulassungspflichtiges Handwerk. Es braucht also unumgänglich einen entsprechenden Meister oder eine Meisterin im Betrieb. Das regelt die Handwerksordnung (Anlage A Nr. 20 HwO).

Naheliegend wäre hier klassisch eine Ausbildung zur Kraftfahrzeugmechatronikerin mit anschließender Qualifizierung zur Kraftfahrzeugtechnikermeisterin. Allerdings ist es nicht gesichert, dass A mit ihren Zeugnissen eine entsprechende Lehrstelle findet. Die Ausbildung zur Kraftfahrzeugmechatronikerin ist begehrt und die Ausbildungsbetriebe sind wählerisch. Alternativ, als Plan B sozusagen, wären auch andere Ausbildungsberufe oder alternative Wege denkbar, soweit sie als Zugangsvoraussetzung zum erstrebten Ziel taugen. Hier hilft ein Blick in § 49 HwO. Dort sind die Zulassungsregeln für sämtliche Meisterprüfungen im Handwerk festgelegt. Zugeordnet und übersichtlich dargestellt findet man diese Zulassungsvoraussetzungen zu den einzelnen Handwerken oben **in Teil II Punkt 3**. Nachzulesen sind die Rechtsgrundlagen vollumfänglich unter **www.tempbus.de/rechtsrundlagen**.

1.Alternative:
A wählt einen artverwandten industriellen Ausbildungsberuf, beispielsweise als Mechatronikerin. Nach erfolgreichem Abschluss der Ausbildung steht ihr die Anmeldung zur Prüfung als Kraftfahrzeugtechnikermeisterin offen. Denkbar sind hier auch noch weitere Ausbildungsberufe, die inhaltlich den Fertigkeitsanforderungen der entspre-

chenden Prüfungsverordnung gerecht werden. Nachzulesen unter **www.tempbus.de/rechtsverordnungen.**

2. Alternative
A wählt irgendeinen anerkannten Ausbildungsberuf als Einstieg und arbeitet nach Abschluss der Ausbildung mehrere Jahre im Kraftfahrzeugtechniker-Handwerk. In der Regel sollen von der Handwerkskammer in derlei Fällen maximal 3 Jahre Berufspraxis als Zulassungsvoraussetzung für die Meisterprüfung gefordert werden.

3. Alternative
A wählt statt einer Ausbildung den direkten Einstieg ins Arbeitsleben, passenderweise in einer Kfz-Werkstatt. Dort macht sie für ein paar Jahre im Wege des Learning by Doing erste Berufserfahrungen und meldet sich nach 4 oder 5 Jahren zur Meisterprüfung an. Die Zulassung kann erfolgen, wobei ein Rechtsanspruch im zulassungspflichtigen Handwerk nicht besteht. Ganz anders sieht das im Bereich der Berufe aus, die unter die Prüfungsregie der IHK fallen. Dort besteht regelmäßig ein Rechtsanspruch auf Zulassung zur Prüfung in einem qualifizierten Beruf, ohne dass es einer vorherigen Ausbildung bedarf. Näheres zu diesem Komplex oben unter **Teil II Punkt 3**.

Fallbeispiel 2
B träumte schon als Kind davon, später als Beruf irgendetwas mit Musik zu machen. Doch derlei Ambitionen blieben im Elternhaus weitestgehend unbeachtet. Eine intensive Förderung hat es nie gegeben, ein Instrument wurde nie professionell erlernt, der Gesang nicht ausgebildet. Die

Liebe zur Musik blieb trotz alledem und der Berufswunsch natürlich auch. Die Schulzeugnisse waren durchgehend ansprechend, so dass ein gewisser Lernwille durchaus vorausgesetzt werden kann.
Hier bietet sich beispielsweise eine Ausbildung als Mediengestalter Bild und Ton an. Nach bestandener Abschlussprüfung wäre eine Qualifizierung zum Geprüften Meister für Medienproduktion Bild und Ton denkbar. Mit dem Abschluss als Fachmeister hat man zugleich die Zugangsberechtigung zum Master-Studium erworben, ohne vorher ein Abitur abgelegt haben zu müssen. Die Wege zu einem Beruf mit dem Schwerpunkt Musik sind für B also immer noch sehr umfänglich.

1.Alternative
Während das obige Beispiel vordergründig die Musikproduktion im Auge hat, wäre mit einem Einstieg über eine Ausbildung zum Veranstaltungskaufmann vor allem der Weg in das organisatorische Metier eröffnet. Nach erfolgreichem Abschluss der Ausbildung steht auch hier der Zugang zum Fachmeister offen, nämlich eine Qualifikation zum Geprüften Meister für Veranstaltungstechnik. Auch daran könnte sich, soweit gewollt, ein Studium anschließen.

2.Alternative
B möchte sich weniger als Produzent oder Veranstalter dem Medium Musik als Beruf nähern, ihn interessieren mehr die Instrumente und der handwerkliche Teil. Insofern bieten sich diverse Möglichkeiten im Instrumentenbau an, beispielsweise als Bogenmacher, als Geigenbauer, als Handzuginstrumentenmacher, als Holzblasinstrumentenmacher

als Klavier- und Cembalobauer, als Orgel- und Harmoniumbauer, als Zupfinstrumentenbauer oder als Metallblasinstrumentenmacher. All diese Ausbildungsberufe sind klassische Handwerksberufe, denen nach erfolgreichem Abschluss durchaus eine entsprechende Meisterausbildung folgen kann. Allerdings braucht es zur Führung eines selbständigen Handwerksbetriebes für die genannten Gewerke nicht zwingend einen Meistertitel. Das Instrumentenbauer-Handwerk gehört mit all seinen Spezialisierungen zum zulassungsfreien Gewerbe (Anlage B Abschnitt 1 der Handwerksordnung). Hier genügt die Anmeldung des Betriebes.

3.Alternative

B hat nach Abschluss der Schule erst einmal genug vom Lernen. Er möchte der Musik treu bleiben, doch in erster Linie schnell Geld verdienen und dabei Erfahrungen sammeln. Er schließt sich einem Konzertveranstalter oder Musikern an und arbeitet ungelernt in allen denkbaren Bereichen, von der Produktion, über Ton und Beleuchtung bis hin zu Aufgaben des Veranstaltungsmanagements. Nach einigen Jahren soll eine berufliche Anerkennung her. Das gelingt entweder, indem zwischenzeitlich Teilanerkennungen mittels Prüfung absolviert werden (**ausführlich dazu oben unter Teil II 2c**) oder über eine sogenannte Externenprüfung (**ausführlich dazu oben unter Teil II 2d**). Die Externenprüfung ist sowohl für den erstrebten Ausbildungsberuf als auch gleich für einen qualifizierten Beruf möglich. Einzelheiten regeln § 45 BBiG für die IHK-Ausbildungsberufe und § 37 HwO für die Handwerksberufe. Als Regel ist dort gefordert, dass man das Eineinhalbfache der Zeit, die als Ausbildungsdauer vorgeschrieben ist, in dem Beruf tätig war, in dem man die Prüfung ablegen will. Für den Direktzugang zum qualifizierten Beruf ohne vorherige Ausbildung wird hier auf die Ausführungen in **Teil II 3 in diesem Buch** verwiesen.

Fallbeispiel 3

C fiel das Lernen in der Schule nie besonders leicht, ihr Schulabgangszeugnis lässt es sehr deutlich erahnen. So wie jeder Mensch, verfügt C aber auch über Talente, die sich beruflich nutzbringend fördern lassen. C beispielsweise ist das geborene Verkaufstalent. Schon als Kind fiel sie durch rege und vor allem auch clevere Tauschaktivitäten auf. Das setzte sich später fort, C roch förmlich gute Gelegenheiten. Doch Ausbildungsbetriebe interessiert immer noch vordergründig das, was auf den Schulzeugnissen steht. Somit blieb für C nicht wirklich die große Auswahl übrig. Die Entscheidung fiel schließlich, der Neigung zumindest teilweise gerecht werdend, auf einen Ausbildungsplatz zur Verkäuferin. Diese Ausbildung ist eine sogenannte theoriearme Ausbildung mit einer verkürzten Ausbildungszeit von zwei Jahren. Danach kann sie eine einjährige Aufbau-Ausbildung zur Kauffrau im Einzelhandel anschließen. Hiernach oder aber auch nach mehrjähriger Tätigkeit im Verkauf ist die Qualifizierung zur Handelsfachwirtin oder der Zugang zu weiteren qualifizierten Berufsabschlüssen möglich.

1.Alternative

C ist mit ihren Talenten weniger im Handel verortet, sondern eher am Bau interessiert. Sie beginnt nach der Schule eine Lehre als Hochbaufacharbeiterin, die auch eine theoriearme Ausbildung ist und lediglich zwei Jahre dauert. Auch hieran lässt sich eine Aufbau-Ausbildung anschließen, beispielsweise im Beton- und Stahlbetonbau. Nach erfolgreichem Abschluss der Lehrzeit und weiteren Berufsjahren auf dem Bau, lässt sich eine Qualifizierung zur Geprüften Polierin anschließen, um hiernach Verantwortung in der Bauleitung zu übernehmen. Auch dieser Abschluss eröffnet den Zugang zum Master-Studium.

2. Alternative
C wurde relativ zeitig eine Lernbehinderung attestiert, was ihr den Förderschwerpunkt „Lernen" in der Schulakte eintrug. Da keine ausreichenden Kapazitäten in der Regelschule zur Verfügung standen, erfolgte der Schulbesuch in einer Förderschule. Der Förderbedarf ist den den Folgejahren nicht mehr ernsthaft überprüft worden, so dass C die gesamte Schulzeit dort verbrachte. Mit dem Nachweis des Besuchs einer Förderschule werden allerdings auch die ersten Schritte am Ausbildungsmarkt deutlich erschwert. Oft steht bei der Berufsorientierung die Fachpraktiker-Ausbildung in Rede, soweit nicht vordergründig die Arbeit in einer Werkstatt für behinderte Menschen vermittelt wird. C könnte auch den Hauptschulabschluss nachholen, um den Übergang zur Ausbildung wenigstens etwas zu optimieren.

Sie entscheidet sich aber nun dafür, so schnell wie möglich Geld zu verdienen, um sich ein selbständiges Leben aufzubauen. Sie bewirbt sich als Pflegehilfskraft in einem Alten- und Pflegeheim und erledigt dort über mehrere Jahre einen anspruchsvollen Job. Dieser wird zwar nicht üppig, dafür aber nach Tarif bezahlt. Nach Erfahrungen in allen Facetten der Pflege stehen ihr diverse berufliche Möglichkeiten offen. Sie kann sich einzelne Tätigkeiten in der Pflege als Teilqualifikation mittels Prüfung anerkennen lassen oder im Wege der Externenprüfung den Abschluss eines passenden Ausbildungsberufes nachholen. Eine solche ist immer auch für einen qualifizierten Berufsabschluss möglich, soweit die einschlägige Tätigkeit über mehrere Jahre nachweisbar ist (**dazu ausführlich oben in Teil II c und d**).

3. Alternative

C hat beruflich überhaupt keinen Plan. Um die Zeit nicht sinnlos zu vertrödeln, entscheidet sie sich für ein freiwilliges soziales Jahr (FSJ). Dieses absolviert sie im Rettungsdienst. Dort reift der entsprechende Berufswunsch und es folgt eine Ausbildung als Rettungssanitäterin und nach einigen Jahren Berufserfahrung der Wechsel zur Feuerwehr und damit in ein Beamtenverhältnis. Das hohe Maß an Erfahrung kompensiert dabei einige der ursprünglich fehlenden Voraussetzungen.

All diese Beispiele zeigen, dass es viele Wege in eine selbstbestimmte berufliche Zukunft geben kann. Soweit man sich mit den Möglichkeiten umfassend beschäftigt und seinen eigenen Weg kreiert, kann man mit Fleiß und Erfahrung viel kompensieren und so manche Hürde meistern.
Die schulischen Leistungen müssen keinesfalls ein Hemmnis für berufliche Ziele sein.

Jeder kann was werden...